国家智库报告 2016（42）
National Think Tank
经济

中国企业走出去面临的法规环境

钟飞腾 著

THE LAW AND REGULATION CLIMATE IN OUTWARD DIRECT INVESTMENT: AN CHINESE PERPSECTIVE

中国社会科学出版社

图书在版编目(CIP)数据

中国企业走出去面临的法规环境/钟飞腾著.—北京：中国社会科学出版社，2016.10

（国家智库报告）

ISBN 978-7-5161-8834-7

Ⅰ.①中… Ⅱ.①钟… Ⅲ.①企业—对外投资—涉外经济法—研究—中国 Ⅳ.①D922.295.4

中国版本图书馆 CIP 数据核字（2016）第 205072 号

出 版 人	赵剑英
责任编辑	陈雅慧
责任校对	王 斐
责任印制	李寡寡

出　　版	中国社会科学出版社
社　　址	北京鼓楼西大街甲 158 号
邮　　编	100720
网　　址	http://www.csspw.cn
发 行 部	010-84083685
门 市 部	010-84029450
经　　销	新华书店及其他书店

印刷装订	北京君升印刷有限公司
版　　次	2016 年 10 月第 1 版
印　　次	2016 年 10 月第 1 次印刷

开　　本	787×1092　1/16
印　　张	7
插　　页	2
字　　数	70 千字
定　　价	30.00 元

凡购买中国社会科学出版社图书，如有质量问题请与本社营销中心联系调换
电话：010-84083683
版权所有　侵权必究

摘要： 第一，中国海外投资迈上发展新高地，法规重要性更为凸显。2015年，中国对外投资流量接近于最大对外投资国美国的一半，是全球第二大对外投资国。中美代表着两种类型的投资，彼此要求对方改善投资环境，特别是法律法规部分。中国企业渴望再上新台阶，就必须应对法规环境的变化。

第二，中国作为新兴市场和发展中经济体的代表，正缓慢朝着与发达经济体对外投资趋同的方向迈进。虽然发展中经济体对我国投资的依赖程度更深，但目前中国企业在对外投资流向上已开始侧重于发达国家，尤其是对美国、澳大利亚和欧洲投资增速明显。20世纪80年代开始，日本对外投资也曾经历这一变迁。中国今天面临的挑战与其他对外投资大国历史上触碰到的问题具有一定的类似性。

第三，中国要谨慎看待投资环境评估中的法规和制度因素。目前全球盛行的各类投资环境评估，以服务发达国家对外投资为主，以发达国家跨国公司生成和发展为土壤，而它们对中国投资环境的评估则五花八门，反映出评估标准的"西方中心论"色彩，也表明新型的法规评估须重视本土经验。

第四，中国须提升对发达地区投资的法规权重，适当降低在发展中地区投资的法规权重。全世界公认法规类因素在投资环境中的权重达到15%左右。在中国对外投资中，发达地区已经超过除中国香港、英属维尔京群岛、开曼群岛等之外的发展中地区，而前者需要加大法规的权重，后者则适当降低法规的期待。总体来看，中国对外投资者将越来越重视投资环境评估中的法规因素。

第五，全球投资格局正处于快速转换中，中国企业的战略眼光要始终瞄上正在形成中的新一代国际投资规则。目前，全球产业链正在深度重构中，投资规则也将随之发生重大变化。发达国家正在设法构建新的以TPP和TTIP为代表的投资规则，而发展中国家也不甘落后。对中国企业来说，未来的竞争格局将很不一样，投资发展规划要具有前瞻性。

Abstract: The importance of law and regulation environment is definitely increasing with Chinese outward direct investment entering into a new stage. The amount of Chinese outward FDI is close to half of the United States' outward FDI in 2015 and ranks the second largest investing country in the world. Although the Chinese FDI is extremely different from the U. S. one, both of them require each other to improve the investment environment, in particular to the law and regulation. If Chinese multinationals attempts to move forward and to make great success, it must learn to cope with the changing law and regulation cliamte.

China is a pioneer among the developing and emerging economies in the world, and its outward direct investment is gradually convergence towards the developed countries. In terms of investment dependence, the relations among developing countries and China are much more deeply. However, China's outward investment has entered into a turning point. The developed countries occupied the largest proportion in China's outward direct investment stock. The United States, Australia and some European countries attracted much more

Chinese outward investment. This kind of change is not so unique due to the fact that Japanese outward direct investment also experienced structural change since the early 1980s. To some extent, the challenge China confronts today is similar to the challenges that other larger investment countries experienced during their rising.

China needs take a cautious attitude toward the law and regulation factors covered by various investmentclimate assessments. The majority of these kinds of assessments were based on the developed countries' outward investment experiences and used to analyze the challenges developed multinationals confronted, rather than for developing countries. The outcomes and performances are very diversited when the assessment applied into judging investment climates the Chinese enterprise surrounded in host country. To some extent, these assessments are dominated by western centrism. They did not take the investment originated from the developing countries into a proper way when they assess the investment climate. As a result, China must adopt creative and innovative method in investment climate assessment and prepare to use direct experiences from the Chinese multinationals.

China could take dural track on the specific weights of the law and regultion factors in investment climate. The general conclusion is that the weight of the law and regulations accounts for 15 per cent in investment cliamte assessment. It is safe to say that the proportion is much higher in developed coutries than in developing countries. The developed countries attracted much more China's outward direct investment than the developing countries, if we did not accout the Hongkong, British Virgin Islands and Cayman Islands. With the increasing weight of the developed coutnries in Chinese outward investment destination, Chinese multinatioanls must attach more importance to the law and regulation factors.

The global investment pattern is now in rapid alternation, and Chinese multinationals should take more strategic way in regulating their outward investment and learn to accommodate the new generation of the invesmtent and trade rules. The investment rule will change with the rapid global indsutry chain change, as the developed countries attempt to create new rules and make new trade and investment agreements to renew their international competitiveness. The TPP and TTIP are the possible new agreements. The competitive pattern is going to become much more serious for Chinese multinationals. The investment development plan needs take new perspective and long term views.

目　　录

前言 …………………………………………………………（1）

一　投资法规环境与对外直接投资 …………………………（6）
　（一）投资的法规环境为何重要 …………………………（6）
　（二）法规环境与对外直接投资的政策框架 ……………（10）
　（三）投资法规环境到底有多重要 ………………………（17）

二　中国在世界投资环境版图中的坐标 ……………………（29）
　（一）有关投资环境评估报告的分类 ……………………（30）
　（二）OECD关于投资监管环境的评估 …………………（35）
　（三）科尔尼、经济学人智库与维瑞恩的投资
　　　　环境评估 ………………………………………（43）

（四）世界银行的跨境投资评估 ……………………（51）

三 世界对外投资的新特点 ……………………（55）
（一）发展中经济体与发达经济体竞争引资
主导地位 ……………………………………（56）
（二）发展中经济体作为资本输出国占有
一席之地 ……………………………………（59）
（三）中国对外投资态势最强劲 ……………………（61）
（四）中国与美日对外直接投资地域分布
不同 …………………………………………（64）
（五）发展中经济体更为依赖中国资本 ……………（71）

四 中国企业走出去的法规环境认识 ……………（76）
（一）中国投资的地域分布与法规环境 ……………（76）
（二）国际投资体制和投资政策总体上走向
自由化 ………………………………………（85）
（三）中国企业看待海外法规环境的若干
要点 …………………………………………（93）

后记 ……………………………………………（99）

前　言

过去十年来，中国对外直接投资一直处于快速发展通道中，即便是2008年全球性金融危机也未能打断这一进程。如图0-1所示，从中国对外直接投资流量占世界比重来看，2008年金融危机以来呈现出急速上升态势，成为引起世界关注的经济新动力。2007年，中国对外直接投资265亿美元，占当年世界总流出量的1.2%，2008年对外直接投资飞跃至559亿美元，占世界比重达到3.3%。2013年，中国对外直接投资首度超过1000亿美元，迈入了一个新的阶段。2014年达到1160亿美元，占世界流出量的8.6%。2008—2014年的7年间，中国对外直接投资占比的年均增速为32.5%，而1982—2007年的26年间，中国对外直接投资占世界流量比重为年均0.7%。2008年金融危机以来，中国对外投资占世界的比重为年均5.9%。

从0.7%、5.9%和35.9%三种比例来看，2008年后中国对外投资无论是在年均占比还是年均增速上都引人注目。那么，这是在一种什么样的内外经济增速背景下发生的呢？

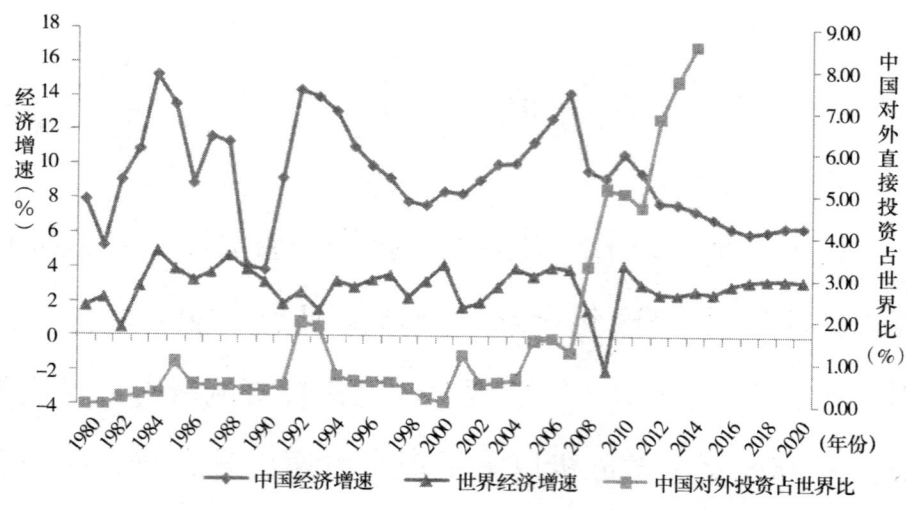

图 0-1　中国对外直接投资与国内外经济增速

注：2016—2020 年为预测数据。

资料来源：IMF，UNCTAD。

首先，从中国经济增速来看，2012 年可能是历史上的一个转折点，2012—2015 年连续四年经济增速低于 8%，在此之前中国最多只有连续两年经济增速低于 8%。而经济增速降低则被普遍认为是中国经济迈入"新常态"的最主要标志，这一形态也被简称为"L"型经济增长。实际上，就东亚地区而言，日本、韩国等都发生过显著的经济增速下滑现象。

其次，1980—2011 年的年均经济增长率为 10%。现在，多数人认为这个高增长时代已经过去。2012—2015

年四年的年均增速为7.4%，也就是说增速只有过去的四分之三，相应地，此前基于10%增速形成的各种政策判断、经验总结，都可能需要打一个四分之三的折扣。按照国际货币基金组织（IMF）的预测，2016—2020年的年均增速为6.2%，也就是说，在21世纪的第二个十年结束之时，我们在改革开放时代形成的基本经验可能只有一半还能用得着。

再次，中国经济增速相对于世界经济增速的高增长阶段已经结束，就增速而言中国正在逐渐成为一个普通意义上的发展中经济体，即2倍于世界经济增速。以市场汇率计算，按上述三个阶段划分，中国经济增速与世界经济的关系经历了三次较大的演变，1980—2011年，中国经济年均增速约为世界经济增速的4.1倍，2012—2015年为3倍，2016—2020年为2倍。这是中国与世界经济你中有我、我中有你的进一步发展，意味着世界将更加关注中国经济的走势和波动，而中国也需要越来越关注世界经济的走势。

最后，中国对外直接投资的飞跃正发生在国内外经济增速普遍下滑的一个新阶段，但特别需要引起重视的是中国经济增速下降。与此同时，我们也要看到，相对于金融危机前的世界经济增速——2003—2007年的五年年均3.7%，这个时期也是中国企业为对外直接投资飞跃的准备期，是多数企业形成战略决策、风险评判和人力资源的时期。但就20世纪80年代以来的世界经济增速而言，年均3%左右实际是个常态。1980—2011年的年均增速为2.9%，2012—2015年的增速为2.5%，2016—2020年将恢复至3.2%，四十年的年均增速为2.9%。

如果说投资环境对于投资流向是重要的，那么中国企业家利用全球投资环境的能力要比美国企业家经营中国市场的能力来得出色。十年一代人，中国企业家在这迅猛的对外投资大发展中初步具备了与美国大型跨国企业同台交流的身价。2015年9月，习近平主席赴美进行国事访问时，15位中国企业家随行，其中有4家企业的市值超过1万亿人民币。此次访问的一个亮点是，随行的中国企业家都有很强的意愿扩展海外业务。

本报告在总结国际上代表性机构对投资法规环境认识的基础上，结合中国企业对外投资所处的阶段和国别特征，以及中国作为资本输出国参与全球治理时的特点，强调须区分对发达地区和发展中地区的投资，须重视双边投资协定和签证制度等法规要素。尽管经济动机是对外投资的决定性因素，但非经济因素在对外投资决策中的影响力也显而易见，中国企业可能需要比其他先行者更加重视这些非经济因素。

中国企业与发达国家的对外投资差异还很大，这种差异不仅体现在中国企业起步晚，而且体现在中国企业对外投资更多地受到中国政治经济体制的影响。中国参与对外投资的很多是国有资本，地方企业的对外投资刚开始超过中央企业，在海外的经验和资本积累还很有限。抛开国别因素，国际投资领域存在的很多国际性规范和制度性变革，比如联合国贸发会推动的可持续投资框架、美日欧主导的新一代贸易投资协定等，都将给中国企业的国际化带来极大影响。由于中国主要还是现有国际制度的消费者、参与者，才刚刚参与一些国际规则的制定，中国政府能够提供的借鉴和应对经验相对是不够的，企业对此应加以注意。

此外，媒体也不时爆出中国企业因受签证事件、环保问题等而影响到投资的实施。随着中国有更多的企业到海外投资，扰乱中国对外投资进程的因素也暴露得越多。但鉴于法律法规变迁相对较慢，把握基本的框架性因素可以起到管控风险的作用。

一　投资法规环境与对外直接投资

推动对外直接投资的主要动因是经济因素，但就长期而言，在东道国的投资回报之所以可行和可信，离不开特定法律法规的保障。几乎所有的企业在进行对外投资决策时，都会涉及如何认识东道国的投资环境，评判到底哪些因素构成在该国经营的有利和不利因素。

不过，需要注意的是，中外企业在法律法规为何重要，以及到底有多大的重要性上并不持有同等意见。百年来，中国的制度环境已改善很多，但距离企业满意还有很长的路要走。在国内经营的企业可以与本国大环境一起慢慢适应和转化，但对于那些试图进入国际市场的中国企业而言，法律法规的约束性更强，与企业成败得失的关联性也更紧密。这是继20世纪80年代初强调学会利用"两种市场、两种资源"之后，最近几年我国政府更为强调"两种规则"的重要背景。

（一）投资的法规环境为何重要

从根源上说，比投资更能体现对制度重要性认识的是几百年来的经济增长现象。在经济学界，自亚当·斯密发表《国富论》以来，人们对一个国家如何实现经济增长的探究，已经历了从土地、劳动力、资本到制度的认识发展过程。这个过程本质上是由发达国家带动的，不同发展阶段的国家推动经济增长的主要动力不同，对发展中国家而言，首先是土地，然后是劳动力，只有到一定阶段才是资本和制度的问题。对发达国家而言，20世纪后半期新制度经济学的崛起是一项革命性突破。

2010年诺贝尔经济学奖得主，也是新制度经济学的代表性人物奥利弗·威廉姆森（Oliver E. Williamson）认为，20世纪经济学的主流是价格理论，聚焦于价格和产出、供给和需求，但制度经济学考察的主题则是合约，制度降低交易成本、确保可信的承诺以及保障可预期性。最近35年来，合约视角对理解人类事务越来越重要。[①] 某种程度上，中国经济增长的奇迹来自于变更各种合约，其中也包括1979年我国出台的《合资法》。1979年5月31日，在会见日本自民党众议员铃木善幸一行时，邓小平表示：

---

① Oliver E. Williamson, "Transaction Cost Economics: The Natural Progression", *The American Economic Review*, Vol. 100, No. 3（JUNE 2010）, pp. 673–690.

"中国准备搞一个投资法。这个立法本身就表明中国的政策没有变。有关的专利法、国际贸易法、国际经济关系法,以后都要逐步搞出来。没有这些法,今后如果打官司,我们总会输,而且还有一个国际信用问题。"①

威廉姆森认为,可按照发生改变的频率,将制度划为五个层次,每个层次对应着的制度特征和类型都会对经济增长或者对外直接投资产生影响。② 首先,属于第一层次的制度,其变化时间基本在 100 年以上,多数时候代表着一个国家的规范、习惯、传统,宗教在这一层面上发挥比较大的作用。制度经济学多数时候把这一层次当作是给定的。但目前经济学界对这一层次的制度如何影响经济增长还没有太完备的答案。

第二层次指的是制度环境,发生变革的速率基本在 10—100 年。这一层次部分是自我演进的结果,同时也是精密设计的结果。与第一层次的"非正式约束"不同(制裁、禁忌、习惯、传统和行为法则),这一层次涉及

---

① 中央文献研究室:《邓小平思想年编(一九七五——一九九七)》,中央文献出版社 2011 年版,第 236 页。
② Oliver E. Williamson, "The New Institutional Economics: Taking Stock, Looking Ahead", *Journal of Economic Literature*, Vol. 38, No. 3 (Sep., 2000), pp. 595 – 613.

的是"正式的规则"（宪法、法律、产权）等。人为设计的内容包括行政、立法、司法和政府的官僚功能，以及权力在不同部门间的分配（联邦主义）。这一层次的选择对经济生产力相当重要。当然，许多意外事件，比如内战（光荣革命）、占领（二战后）、认识到的威胁（明治维新）、崩溃（东欧和苏联）、军事政变（智利）或者金融危机（东亚），也会打破这种连续进程。不过，这些"决定性时刻"（defining moments）是例外，而不是规则。20世纪70年代以来，强调合约甚于产权的研究开始流行起来，包括中国在内的改革开放等都是在这种大背景下发生的。

第三层次就是指合约本身的一些分析，发生变革的速度一般在10年以内。通常这一层次的制度环境，是多数商业机构在分析对外直接投资时比较重视的。一些研究法律的人把是否重视合约作为划分文化背景差异的一项标准。

第四个层次则是一般经济学家喜欢做的事，即强调边际效应。像资源分配、就业、价格以及激励机制等可以划入这个领域。

第五个层次，则从把企业作为一个黑箱看待发展到分析经营这个企业的人的思路，即心理层面，观念如何影响经济。

通常意义上的制度环境、法规环境，都是在第二和第三层次的交叉点上。很多研究、判断都是以这些交叉点为基础，结合其他的因素进行。例如，有研究认为，就国际商业谈判而言，东西方存在着两种显著的模式，美国人进行谈判时，其目标始终都围绕着能否达成一个合约而进行，美国人会认为合约一旦签署，就意味着权利和义务的界定。但日本人、中国人和其他亚洲人，通常认为谈判的目标不是签署合约，而是创造一种新的关系。尽管签署的合同在文字上写清楚了双方的一些权利与义务，但归根到底交易的本质是关系。[①]

（二）法规环境与对外直接投资的政策框架

在市场经济体系中，自负盈亏的公司是经营主体。企业的主要功能是在自由市场中为消费者提供产品。如果没有企业提供各类产品，那么人与人之间的交易就需要比较多的参与者，以保证交易顺利进行。企业的出现

---

① Jeswald W. Salacuse, "Ten Ways that Culture Affects Negotiating Style: Some Survey Results", *Negotiation Journal*, July 1998, p. 226.

正是为了弥补市场机制的不完善，通过企业这一组织形式将不少交易环节产生的成本内部化，降低生产和销售等经营成本，提高交易的频率和效率。新制度经济学认为，企业与市场并不是相互替代的，而只是治理或者说合约的不同形式而已。显然，这个观点对于理解直接投资也有很大的益处，直接投资本身就是在不同国家经营的企业组成新的合约安排而已。

由于产品所需的原料、劳动力以及土地等价格在各个地方有差异，如果能够充分利用这些资源禀赋差异，企业就能进一步降低经营成本。而为了获得更高的利润，或者暂时获取更大份额的市场，企业通常会扩大经营的地域范围，跨县、跨省布局其生产和销售，有的企业甚至进入国际市场。

一般而言，早期进入国际市场的企业多数是通过进出口的方式，到后期有不少企业则直接到东道国进行生产。随着越来越多的企业通过贸易和投资的方式参与到国际市场，原来相对独立的民族国家的经济形态就逐渐演化为地区性乃至全球性的一个大市场。全球经济的发展表明，有能力在全球范围内配置资源的企业一般竞争力较强，从而能够获得更多的利润。有资料认为，21世纪初的全球进出口贸易中，大约有三分之二是以跨国公司主导的企业内贸易完成的。[①] 由此可见，跨国生产在全球经济中的重要性非常突出。为了在激烈的国际市场中竞争，跨国生产也是很多有能力和雄心的企业不得不选择的经营形式。

对理论界来说，一个需要回答的问题是企业为什么能够进行跨国生产？目前大多数专家以及国际商业分析人士熟悉的一个理论是英国跨国公司理论家约翰·邓宁（John Dunning）发展的生产折中理论，一家有竞争力的企业是选择出口还是选择到东道国进行直接生产，取决于企业的特定竞争优势、在东道国的区位选择以及企业内部经营管理获得的能力。用邓宁的术语来表示，企业特定优势就是"所有权优势"（ownership advantages），简称为"O"；区位优势（location advantages）简称为"L"，而内部化优势（internaliation advantages）简称为"I"，合起来就是OLI理论。严格意义上说，1977年邓宁创立的生产折中论并非一种理论，更多地是一种不同

---

① Peter Dicken, *Global Shift: Mapping the Changing Contours of the World Economy*, the 5th edition, London: SAGE Publications, 2007, p. 34.

理论要素的分析框架。[①] 该框架要回答三个至关重要的问题：第一，外国企业到东道国进行生产时如何与东道国国内企业竞争？第二，跨国公司是否会选择某种特定的区位安排其生产经营活动？第三，为什么企业选择股权投资而不是通过许可证、出口、合资企业或者合约联盟进入东道国？就目前而言，这三个问题仍然是思考跨国生产的必备问题。

因此，广义上的投资环境必然包括母国、东道国以及企业自身的因素，特别是全球宏观经济局势对全球投资流动有着重大影响，企业还必须考虑若干全球性因素，包括政治、安全和经济，以及国际投资体制的变化趋势等。从狭义的角度看，我们分析外部投资环境时，多数时候主要是探讨在东道国发生的一些影响因素，包括东道国的市场规模、经济增长、土地政策、劳动力、汇率制度、本地化要求、出口业绩等经济因素，以及政治是否稳定、社会是否容易动荡等。

从东道国因素看，当地政府最希望吸引来的外资项

[①] Sarianna M. Lundan, Hafiz Mirza and James Zhan, "Dunning, John H. (1927 – 2009)", *Transnational Corporations*, Vol. 20, No. 3, December 2011, p. 64.

目，能够适应当地的经济，将当地的利益最大化。但从投资者角度看，则希望在一个全球框架内考虑对某一个东道国项目的布局。显然，这两者需要加以协调才能使双方的关系相处良好。但从历史上看，这种关系时好时坏。20世纪六七十年代，东道国政府的目标是控制投资者，但冷战结束后东道国却转而走向政策自由化，多数国家全力以赴吸引外资。

长期以来，围绕哪些因素决定外资流动，通常看法是经济因素发挥了决定作用，比如一国的市场规模、经济增长率、劳动力素质以及基础设施水平等。但是，外资进入发展中国家存在着多个阶段的演化过程，在进入之前东道国的政治稳定以及市场准入制度发挥了至关重要的作用，进入之后则是经济因素起到决定性作用，但经过一段时间的经营，东道国很可能与跨国公司再度就收益的分配问题进行谈判，此时法律法规的作用就更为突出。

目前全球对投资政策框架所做的总结中，当属2015年经合组织（OECD）发布的《投资政策框架》（2015年版）最为出色。[1] 该版本在2006年版的基础

---

[1] OECD, *Policy Framework for Investment*, 2015 eidition, OECD Publishing, Paris, 2015.

上更新，不仅得到来自OECD专家的支持，也有联合国贸发会专家的参与，成果本身在G20会议上发布，并支持联合国的2015年后发展议程。该报告列举了与直接投资相关的12个领域，包括投资政策、投资促进和便利化、贸易政策、竞争政策、税收政策、公司治理、负责任商业行为的政策、有利于投资的人力资源、基础设施投资、投资融资、公共治理以及绿色增长的投资框架等。

根据该框架的定义，一个良好的投资环境要为所有类型的投资者提供机会，无论公共还是私人，小型还是大型，外国还是本国。事关投资者的原则性因素可以简单概括为：可预测性、透明度、可信性、问责和公正五个要点。对投资者进行调查发现，政策可预测性几乎是最为普遍、最被关心的风险因素。而在投资领域，大多数国家，包括OECD成员国，都没有一部成型而又系统的投资法。OECD建议，投资政策国内部分应当包括非歧视性原则、对外资的开放度、保护投资产权的力度以及解决投资争端的机制等四个部分。而在国际部分，则应当包括国民待遇、有补偿的充公和征用、保障公平和公正的待遇、充分的保护和安全、解决投资者争端时允

许到国际法院仲裁等。按照该报告的评估，一般意义上涉及投资的法律框架关注以下四个问题：①

1. 政府是否建立了面向商业和投资活动清晰而又全面的法律和法规框架？

2. 政府在处理投资问题时如何确保法规的应用和执行是一致、清晰、透明、可接入，并且不会增加额外的负担？

3. 政府如何保证提高法律稳定性、可预测性时所增加的成本与提升投资利益最大化方面的政策灵活性？

4. 法律、条约和规定的发展是否征询了利益相关者以及相关部委和公共机构的意见？

此四条原则性意见比大多数现行的投资政策体系都要来得完备，显然是总结了重要机构的意见和诸多国家的经验。根据这一原则性意见，一个完整的投资政策框架首先必须包括法规框架。当然，这一判断与整个制度经济学对西方社会的影响有莫大的关系。多数西方人认

---

① OECD, *Policy Framework for Investment*, 2015 eidition, p.29.

为，西方崛起的关键是制度，特别是法律制度。①

对中国而言，把握这一点还有难度。正如制度经济学的华人经济学家张五常说的，传统上中国并不存在源自罗马帝国的司法体系，引进西方的司法制度也不容易，譬如中国香港直至今天也还不完全是英国的普通法。张五常进而判断，就中国内地而言，"普通法显然不能用，因为要有悠久的前案例的支持。欧洲的大陆法模式原则上可以用，但昔日的中国是连正规律师也没有的国家。就是到了经济发展足以震撼世界的今天，在司法上中国还有好一段路要走。"② 而在直接投资领域，也有一些研究认为，普通法要比大陆法更有利于促进对外投资。因此，对中国人来说，还有一个从另一个法系看待投资的法规环境的问题。

（三）投资法规环境到底有多重要

根据世界银行《世界发展报告2005》基于对48个国家的调查，管制因素在企业对外投资决策中占到约10%的权重，位列第四（如图1-1所示）。排第一位的

---

① E. 赫尔普曼：《经济增长的秘密》，王世华、吴筱译，中国人民大学出版社2007年版。

② 张五常：《经济解释》（2014增订本），中信出版社2015年版，第981页。

是政策不确定（28%），第二位是宏观经济不稳定（23%），第三位是税收（19%）。按照世行的解释，排第一位的政策不确定性主要源自政治和法律变动。而且，世行还强调，政策和法律不确定性的主要原因是从纸面的文件到实际效果之间有很大的差距。如果政府的威信高、政策执行力强，那么政策的可信性将有效增强，从而减少政策实际执行时的折扣。

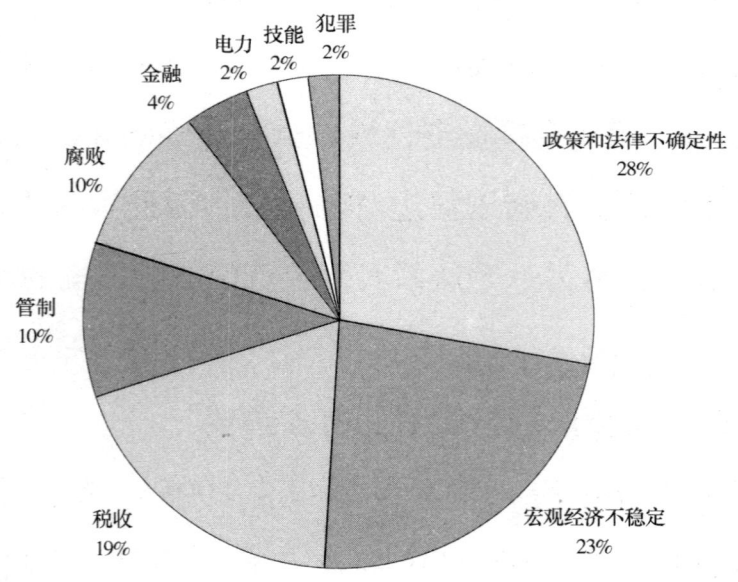

图 1-1 影响企业投资决策的因素及其权重

资料来源：World Bank, *World Development Report 2005*, p. 46.

联合国工业发展组织差不多在同一时期完成的一份报告中，分析了来自发展中国家对撒哈拉以南非洲的投资，认为法律框架和投资环境透明度并非是排前列的重要因素。尽管截至2005年前后，该地区吸收的外资只占世界的1.8%，仅相当于瑞典一国吸收的外资，但绿地投资进入速度很快，是20世纪90年代以来以亚洲投资者为代表的新一代企业促成了这种发展。报告认为，亚洲投资者和欧洲投资者对该地区投资环境的评估是迥然不同的，亚洲投资者对撒哈拉以南非洲的发展持更为肯定的态度。对亚洲投资者而言，有四项因素明显恶化，包括一揽子激励措施、特定的投资项目的可得性、双重避税条约以及《除武器外全部免税》（EBA）协定。但是对于其他措施的变化，他们的评价要比欧洲同行较为正面，包括对三项被广泛认为恶化的因素：生活质量、安全以及国家的法律框架。[①] 此外，如表1-1所示，在26项影响到投资者的因素中，最重要的前五项分别是经济稳定、政治稳定、人身安全、本地市场与熟练劳动力，而法律框架排在基础设施质量之后，名列第七。

---

① United Nations Industrial Development Organization, *Africa Foreign Investor Survey 2005: Understanding the Contributions of Different Investor Categories to Development Implications for Targeting Strategies*, 2nd Edition, UNIDO, 2007, p. 116.

表1-1　　投资撒哈拉以南非洲地区时的影响因素及其权重

因素	权重	排序
经济稳定	4.11	1
政治稳定	4.08	2
人身安全	3.96	3
本地市场	3.93	4
熟练劳动力	3.83	5
基础设施质量	3.79	6
法律框架	3.68	7
关键客户	3.65	8
劳动力成本	4.65	9
投资环境的透明度	3.61	10
生活质量	3.49	11
原材料	3.41	12
一揽子激励	3.30	13
本地供应	3.23	14
已有的外国投资者	3.13	15
政府机构的支持性服务	3.12	16
地区市场	3.08	17
双重征税条约	2.99	18
双边贸易协定	2.74	19
政府投资促进机构支援	2.72	20
已有资产的购置	2.63	21
出口加工区	2.55	22
特定投资项目计划	2.47	23
合资伙伴	2.23	24
利用《非洲成长与机会法》	2.03	25
利用《除武器外全部免税》协定	1.94	26

注：分值为5分制，1=不重要，2=有帮助，3=重要，4=非常重要，5=关键。

资料来源：United Nations Industrial Development Organization, *Africa Foreign Investor Survey 2005*, p.113.

2011年，世界银行的一份工作论文提高了管制因素的权重，占15%。该文认为，以市场规模和增长潜力衡量的商业机会是对外直接投资最为重要的驱动力量。但是，诸如制度和投资友好型管制等涉及投资环境的因素，往往也是企业家投资决策加以考虑的。根据对以往一些研究的总结显示，在影响对外直接投资的因素中，市场规模和潜力名列第一，大约占17%，而制度和管制质量名列第二，占15%。[1] 通常，制度和管制质量这一指标包括考夫曼（Kaufmann）治理指数、营商指数、跨境投资指数、国家风险指导指数、世界商业环境调查数据以及经济自由度指数。这类经验研究得出的各类因素影响权重中，排第三位的贸易开放性只有大约8%的重要性。

而对企业家的调研也发现有此类现象。在国际货币基金组织（IMF）引用的一份资料中，FDI市场公司根据对3万项FDI项目的调查，总结了影响投资者选择到哪儿投资的一些因素，结果发现投资环境很重要，以商业

---

[1] Kusi Hornberger, Joseph Battat and Peter Kusek, "Attracting FDI: How Much Does Investment Climate Matter?" World Bank, 2011, http://www.worldbank.org/fpd/publicpolicyjournal.

管制和政府支持等为核心内容的投资环境是第三重要的因素，大约占到12%的权重。世界银行2010年的一份调查也显示，大约85%的经济体在过去几年都在不断地改善投资环境，以吸引更多的外资，促进当地经济的发展。

最近，哥伦比亚大学教授卡尔·萨沃特（Karl P. Sauvant）在给达沃斯经济论坛撰写的一份报告中也强调，诸如市场规模化增长率、基础设施质量和劳动力等往往是第一层次的，但紧随其后的就是管制投资的政策框架，其中就包括了制度和法律。卡尔教授还指出，目前大约有10万家跨国公司控制着100万家分公司，其中7万家母公司在OECD国家，而剩余3万家母公司在非OECD国家。之所以发达国家产出更多母公司，原因之一是发达国家的制度建设比较完善。[①]

世界银行新近完成的一份对新兴经济体对外投资动因的调查，有助于我们进一步了解投资法规因素如何影响来自发展中国家的投资。根据劳拉·格美美（Laura Gomez-Mera）等人2015年提交给世界银行的报告《投资

---

① Karl P. Sauvant, "The Evolving International Investment Law and Policy Regime: Ways Forward", in *The E 15 Initiative: Strengthening the Global Traden and Investment System in the 2st Century*, World Economic Forum and International Centre for Trade and Sustainable Development, January 2016, p. 13.

中的新声音：对来自新兴市场投资者的调查》[①]，印度、巴西和韩国的企业对外投资时，70%是寻求新市场、20%是降低生产成本，只有不到5%是获取资源。此外，该报告还根据对外投资的时间差，将来自拉美的投资作为第一代，主要发生于20世纪60—80年代中期，其特点是市场和效率寻求型；第二代，则是80年代来自亚洲的投资者，基本上属于获取廉价劳动力、寻求提高效率的类型；第三波则是20世纪90年代兴起的，来自俄罗斯与南非的投资者。该调查报告没有包括中国，但根据投资发生的时间顺序，可将中国对外投资归为新兴市场的第四波对外投资。显然，与历史上拉美国家与跨国公司面对的对抗性环境不同，目前的全球环境总体上有利于中国企业走出去。

该报告将影响投资决策的因素分为六大类，包括市场扩张、商业机会、成本与投入、商业环境和管制风险（政治风险）、社会网络与文化亲缘、竞争者。如表1-2所示，报告认为，在商业环境部分，最为引人注目的是

[①] Laura Gómez-Mera, Thomas Kenyon, Yotam Margalit, José Guilherme Reis and Gonzalo Varela, *New Voices in Investment: A Survey of Investors From Emerging Countries*, Washington: World Bank, 2015.

征用和充公（3.81），其次是政治稳定（3.62），名列第三的是商业管制与法律框架的透明度（3.55），其他包括宏观经济稳定（3.14）、定期公平选举（3.39），剩下的依次是腐败（3.13）、安全（犯罪、盗窃等）（3.09）、官僚的效率（3.06）。[①] 而文化与社会网络的重要性不足1%，显然这是新兴市场对外投资具有的特征。

表1-2　　　　　　　　广义上影响投资的区位因素

区位因素	平均得分
成本与投入	
低劳动成本	3.98
技工	3.25
原材料	3.72
专属投入品	2.99
商业机会	
可购买的商业资产	3.85
出口加工区	3.49
竞争者	
早就存在外国投资者	3.53
存在直接的竞争者	3.34

---

① Laura Gómez-Mera, Thomas Kenyon, Yotam Margalit, José Guilherme Reis and Gonzalo Varela, *New Voices in Investment: A Survey of Investors From Emerging Countries*, Washington: World Bank, 2015, p. 27.

续表

区位因素	平均得分
有合资伙伴	3.54
有关键买家	3.84
市场扩张	
东道国市场	3.47
地区市场	3.66
商业环境与管制风险（政治风险）	
政治稳定	3.62
定期公平选举	3.39
征用与充公风险	3.81
官僚的效率	3.06
安全（犯罪、盗窃等）	3.09
商业管制与法律框架的透明度	3.55
腐败	3.13
宏观经济稳定	3.14
社会网络和文化亲缘	
本地语言知识	1.95
两国的历史渊源	2.75
本国其他公司的投资	3.57
管理团队中有来自东道国的	3.27

注：分数 1 = 不重要，2 = 有帮助，3 = 重要，4 = 非常重要，5 = 关键。

资料来源：Laura Gómez-Mera, Thomas Kenyon, Yotam Margalit, José Guilherme Reis and Gonzalo Varela, *New Voices in Investment: A Survey of Investors From Emerging Countries*, Washington: World Bank, 2015, p. 27.

有意思的是，该份报告与其他类似调查不同，还对潜在的投资者设计了问卷。根据对三国潜在投资者的调研，报告发现他们要比已经发生投资的企业更加看重文化网络和政治风险。实际来看，来自新兴市场的企业并不是十分担心突破常规的实践以及虚弱的制度，只要这些实践和制度都是可预测的和被预期的。而且，在他们看来，选举和腐败并不是那么重要。但是政治稳定和透明度却很重要，万一有紧急事件发生，企业可以提前准备预案，以应对不确定性。

此外，该报告还对投资促进机构（IPAs）是否发挥作用进行了调查，结果显示大约只有2%的项目是通过这类机构实现的。新兴市场的企业对外投资时，66%是通过与熟客、供应商和投资者获取投资机会的，15%通过母公司或者总部。但需要注意的是，尽管企业对IPAs的关注度有限，但70%的企业曾使用过IPAs提供的服务，特别是获取某一个特定的发展中国家信息。[①]

在有关双边投资协定或者贸易协定方面，该报告的数据显示，74%的企业根本就没有关注到本国与东道国签署的这类投资贸易协定。但各国之间有差异，60%的

---

① Laura Gómez-Mera, Thomas Kenyon, Yotam Margalit, José Guilherme Reis and Gonzalo Varela, *New Voices in Investment: A Survey of Investors From Emerging Countries*, Washington: World Bank, 2015, p.46.

南非企业、56%的巴西企业、30%的印度企业、6%的韩国企业有注意到。不过，韩国企业很重视投资协定，有90%的企业曾注意到投资协定，利用这类协定的原因主要是看到这类协定能提高安全性，投资进程也趋于透明和清晰。因为通常签署投资协定的国家是给国际社会发出继续促进市场化的信号，增加了进入其他国家市场的机会，也便于通过贸易手段促进投资。

该报告的一个总体结论是，发达国家和发展中国家的对外投资遵循基本的动因，即获取利润等是终极目标。不过，对于最新的一些参与全球投资的企业而言，还是有不同，一大批来自发展中国家的企业积极参与到全球价值链重构中。比如，印度和韩国企业已经不满足于在本地区经营，而倾向于在全球范围内活动。报告还认为，企业关注政治风险与制度因素，但这些因素并不能与市场和商业机会相比，后两者在企业决定是否对外投资时起到决定性作用。对已经有过对外投资的企业来说，腐败、公正与常规选举、充公的担忧等，几乎不太有作用。但是需要注意的是，对一些没有参与过对外投资的企业而言，政治风险和制度因素的重要性有所上升。这些结论对大量正准备参与国际投资的中国企业来说很有启发意义。

关于中国企业对外投资的动因分析,经济学人智库2010年公布了中国海外并购环境报告,基本对象是并购,没有包括绿地投资。① 根据该调查,中国企业对外投资时将获取资源放在第一位,其次是市场扩张、技术、金融投资。而法律因素之所以没有成为显著的因素,可能在于国家安全风险。比如,尽管美国的法律相对完善,执行的透明度也很高,但是由于美国经常以国家安全的名义阻止中资企业并购美国企业,在中国企业家看来,并购美企难度特别大。在并购获得成功的主要因素中,中国企业家将管理层和尽职调查放在前两位。由于该调查报告完成于2008年金融危机时刻,而现在国内外的经济环境已经有很大改变,对于该报告的一些结论,中国企业需心中有数。

---

① Economist Intelligence Unit, *A Brave New World: The Climate for Chinese M&A abroad*, The Economist Intelligence Unit, 2010.

二 中国在世界投资环境版图中的坐标

分析中国企业面临的全球投资环境变化,一个重要起点是看世界怎么分析中国。中国连续13年吸引外资持续增长,一直是发展中世界吸引外资最多的国家。决定中国成为最大引资国的最重要因素,显然是改革开放以来经济的高速增长,以及不断在世界经济格局跃升的地位所显示出的庞大市场规模。对发达国家的跨国公司而言,要保障在中国这样一个发展中经济体内做投资生意获得高额回报,跟进中国投资环境的变化也必不可少。

事实上,有关中国投资环境变化的争议一直伴随着中国引资进程,从来也没有间断过,近年来还在持续升温中,由此可见各方对投资环境的评估标准有很大差异。国际上众多分析投资环境的报告都在显著位置报道中国,且多年来连续跟踪中国投资环境的方方面面,并引起政治领导人的关注。2014年1月28日,美国总统巴拉克·奥巴马在其国情咨文中宣称:"中国不再是最受欢迎的投资目的地，美国才是。"①奥巴马的论断引用自美国科尔尼咨询公司公布的 FDI 信心指数，根据该公司的连续跟踪调查结论，中国自 2001 年以来首次失去全球最具吸引力投资目的地位置。②

这类报告关于中国投资环境的研判也并不一致。它们有自己的立场和评估方法，中国企业并不需要完全接纳这些报告的观点。但"知己"才能"知彼"，大致了解国际上存在哪些看待中国投资环境变革的分析报告，侧重点在哪里，才能反观自身由表及里，认识中国企业走进国际市场投资时需要注意的法规环境问题。毕竟中国企业对本国的经营环境更为熟悉，如果知晓各个机构如何看待中国的法规环境，相应地也能衡量对别国的评估是否准确。

（一）有关投资环境评估报告的分类

世界银行在 2005 年的《世界发展报告：改善投资

---

① The White House, "President Barack Obama's State of the Union Address", January 28, 2014, http://www.whitehouse.gov/the-press-office/2014/01/28/president-barack-obamas-state-union-address.

② A. T. Kearney, Foreign Direct Investment (FDI) Confidence Index, http://www.atkearney.com/research-studies/foreign-direct-investment-confidence-index.

环境，促使人人受益》中，曾列举了国际上具有广泛影响的评估投资环境的机构和指数。① 如表 2-1 所示，在十年前的世界银行眼中，大概有 12 家机构涉及对广义上的投资环境的评估，多数集中在国家风险分析，但并没有专门评估对外直接投资的法规环境报告，多数评估只是将法规环境视作整体投资环境的一部分。此外，相对而言，2005 年所列的这份机构简介，针对外商直接投资的也是少数，比如只有科尔尼咨询公司的对外直接投资信心指数。不过，到了 2010 年世界银行发布《跨境投资》报告时，情况有所改善。增加了包括像 IBM 公司发布的关于全球投资区位选择趋势（Global Location Trends）的情况介绍，联合国贸发会（UNCTAD）的《投资政策评估》，OECD 的《投资的政策框架》。②

---

① World Bank, *World Development Report 2005: A Better Investment Climate for Everyone*, World Bank and Oxford University Press, 2015, p. 251.
② World Bank, *Investing Across Borders 2010: Indicators of Foreign Direct Investment Regulation in 87 Economies*, Washington, D. C. : World Bank, 2010.

表 2-1　　　　　　有关投资环境的指数和研究机构

序列	指标	发布机构	涉及范围	评估方法
1	商业风险服务	商业环境风险情报社	50个国家3级指标	专家评估
2	国家信贷评级	欧洲货币机构投资者	151个国家的信贷评级	金融和投资者调查
3	国家风险指标	世界市场研究中心	186个国家的国家风险	专家评估
4	国家风险服务	经济学人情报社	100个新兴市场和6项风险因素	专家评估
5	世界经济自由指数	菲莎研究所	123个国家覆盖8个领域	专家评估和调查
6	FDI信心指数	科尔尼咨询公司	62个国家的外资吸引力	针对1000家跨国公司CEO的调查
7	全球竞争力指数	世界经济论坛	102个国家的竞争力	对全球和当地企业的调查
8	全球风险服务	美国环球通视有限公司	117个国家的风险分析	专家评估
9	经济自由指数	传统基金会	142个国家的政府管制	专家评估
10	国际国家风险指南	政治风险服务国际公司	140个国家的国家风险	专家评估
11	世界竞争力年鉴	国际管理发展研究所	51个国家的竞争力	对公司的调查
12	世界治理指数	世界银行	199个国家	对既有调查和指标的加总

资料来源：World Bank, *World Development Report 2005: A Better Investment Climate for Everyone*, World Bank and Oxford University Press, 2015, p. 251.

根据对各个数据库的搜索情况来看，上述机构发布的报告中学术界使用最广泛的依次是，政治风险服务国际公司的国际国家风险指南、世界经济论坛的全球竞争力指数、世界银行的世界治理指数和加拿大菲莎研究所提供的世界经济自由指数。①

大体上,我们可以将有关投资环境评估报告分为三类。第一类是出于盈利目的,由公司发布的投资环境评估报告,这类报告的篇幅通常都不长,且多以专家问卷调查方式获得资料,报告形式以指标体系和排名的方式公布。其中最为典型的包括美国科尔尼咨询公司的"投资(FDI)信心指数",普华永道的各国投资环境分析报告,英国经济学人智库发布的"中国海外投资指数"等。

第二类,以国际组织名义发布,比如世界银行、联合国贸发会、国际货币基金组织、联合国工业经济组织、亚洲开发银行、经合组织(OECD)等,都出版过评估全球营商和投资环境的报告。在投资领域,最著名的是联合国贸发会的《世界投资报告》、世界银行的"营商环境"系列报告以及 OECD 的"外商直接投资监管限制指数",这类报告动员了数以千计的专家、政府官员,得到了政府财政的大力支持,调查深入详尽,得出的结论不仅对企业有参考价值,很多还成为发展中国家政府改革的参考指南,因此也往往引来争议。

---

① 调查的数据库包括 Taylor & Francis Online,JETOR 和 Elsevier。

第三类，以政府名义发布的投资环境分析报告。最近几年，我国商务部完善了投资服务体系建设，加强了企业开展对外投资合作的国别环境指导，发布涉及171个国家（地区）的《对外投资合作国别（地区）指南（2015年版）》，另外还包括对中国企业走出去典型案例和国别投资经营障碍的分析报告等。中国对外直接投资流量已经进入年均1200亿美元的发展阶段，而美国是年均3000亿美元以上的全球第一大对外投资国，可以想见美国政府不会置投资环境的分析于不顾。事实上，美国国务院2015年公布了175个国家的投资环境介绍，包括该国对外资和投资者保护的态度，阻碍投资的市场壁垒等，评估的重点在于一国的法规体系、争端解决、透明度、知识产权保护、国有企业和劳工关系等。[1]

本书不打算就各个机构的评估做系统的介绍和评价，只是根据既有资料的可得性，对有特色的几项评估报告做一个分析，综合比较中国在这些评估中的位置，可能发现其中相互矛盾之处，将有助于我们把握西方国家在

---

[1] U. S. Department of State, "Department of State Releases 2015 Investment Climate Statements", May 29, 2015, http://www.state.gov/r/pa/prs/ps/2015/05/243008.htm.

看待投资环境时的侧重点。

（二） OECD 关于投资监管环境的评估[①]

《外商直接投资监管限制指数》（FDI Regulatory Restrictiveness Index）是经合组织（OECD）自1997年开始统计的一项评估。到目前为止已统计了8年的数据，分别是1997年、2003年、2006年、2010—2014年。该指标体系和数据是近年来全球很多企业在考虑外商直接投资方面的重要参考，甚至一些政府也以此为依据进行投资领域的改革。经合组织统计的外商直接投资监管限制指数涵盖22个行业，统计比较了包括非经合组织国家在内的58个国家。[②]

该指数是通过四种类型的限制规定来测量一个国家对外商直接投资的限制程度。这四种类型的限制规定分别是：外资股权限制、审查或审批机制、国外就业限制（主要指管理层等关键个人）和经营业务限制（包括建立分支机构、地产、特定行业的互惠条款和利润返还限

[①] 常淑凤为本节提供了部分资料，特此感谢。
[②] 相关方法可以参考 Blanka Kalinova，Angel Palerm，Stephen Thomsen（2010）"OECD's FDI Restrictiveness Index：2010 Update"，OECD Working Papers on International Investment，No. 2010/3.

制）。报告对各行业的评分限制在一个范围内，从0（开放）到1（不允许）。在任何行业中，若最高分为1，即完全限制外商投资的行业。若最低分为0，即在该行业中外商直接投资没有监管限制。

OECD承认，外商直接投资监管限制指数并不能充分衡量一个国家的投资环境，其他一系列因素也在起作用，包括外商直接投资规则的实现方式。一个国家对于外资的吸引能力受市场规模的大小、与邻国的整合程度的影响，甚至是地理环境因素的影响。第一部分提供的数据也表明，商业机会在影响投资决策方面是决定性的，而法规环境很多时候是辅助性的。不过，正是由于法规是人为设计的，它的可变性也很强，有关国家可以根据发展战略短期内加以调整。

图2-1给出了2013年和2014年两年的该指数情况。经合组织国家作为整体平均得分为0.068，而非OECD国家则为0.152，经合组织国家对外资的限制程度普遍低于非经合组织国家。这一原因大体上是由于经合组织成员国多数是发达国家，发达国家具有稳定性、安全性以及巨大的市场规模等优点。因而，经合组织国家的投资环境要好于非经合组织国家的投资环境。

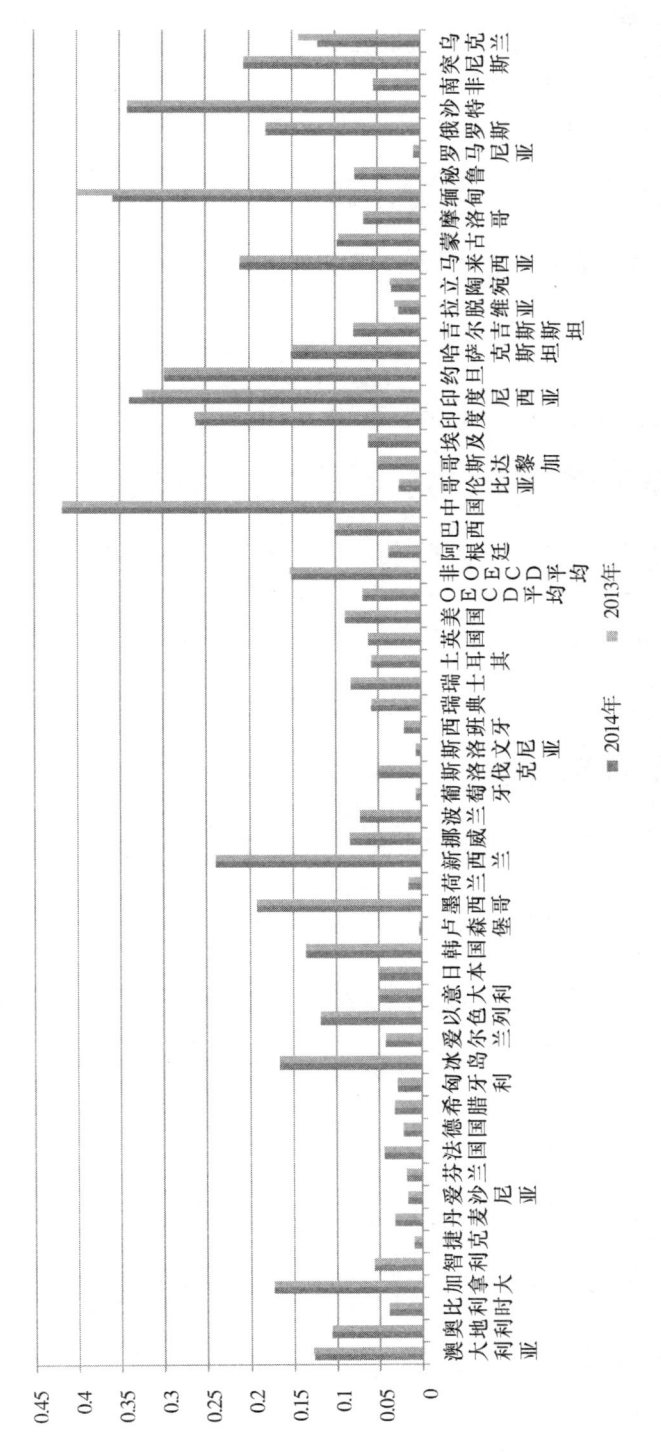

图2-1 OECD外商直接投资监管限制指数

资料来源：OECD。

注：0=无限制，1=禁止。

结合2013年、2014年数据，在外资管制方面变化最大的四个国家分别是印度尼西亚、蒙古、缅甸和乌克兰。其中，前两个国家趋于严厉，而后两个国家则大规模地自由化。就印度尼西亚而言，2014年更趋于管制严格的行业包括资源采掘业和零售业，蒙古趋于严厉的行业也是资源采掘业，其他行业则维持了稳定。近几年大宗商品价格下跌导致资源出口国大规模提升本国控制资源收益的需求，资源民族主义态势上升。

缅甸的民主化改革引人注目，尽管总的趋势是放宽，但唯独对媒体、广播电视的管制是前所有为地增强。最宽松的是批发零售，其次是建筑、采掘业，银行业务也有所放宽，但仍属于限制最为严格的行业之一，最高的是保险，百分之一百不允许外资进入。乌克兰属于全面放宽的阶段，放宽幅度最大的行业依然是零售业和建筑业。不言而喻，乌克兰和缅甸的投资政策自由化进程，得到了西方的支持。

经合组织国家的总分排名前五名的国家分别是新西兰、墨西哥、加拿大、冰岛和韩国；得分低于0.02的几个国家分别是卢森堡、葡萄牙、斯洛文尼亚、捷克、荷兰和爱沙尼亚。

在非经合组织国家中，中国、缅甸、印度尼西亚等东亚国家，沙特阿拉伯、约旦等中东国家，对外商直接投资监管限制较高，远高于经合组织内限制最严厉的新西兰。中国得分最高（0.418），缅甸次之（0.359），沙特阿拉伯第三（0.342），印度尼西亚第四（0.34），约旦第五（0.299），印度第六（0.264）。而南非的外商直接投资监管限制指数总得分是0.055。得分较低的国家分别是：罗马尼亚（0.008）、哥伦比亚（0.026）、拉脱维亚（0.026）、立陶宛（0.034）、阿根廷（0.038）、哥斯达黎加（0.049）。其中，罗马尼亚为东欧国家，哥伦比亚、阿根廷、哥斯达黎加为拉美国家，拉脱维亚、立陶宛为波罗的海国家。尤其是拉美主要国家近年来商业环境得分和总体环境评估呈现较好的趋势，吸引外资直接投资量逐年增加。

如图2-2所示，中国加入WTO以来外资管制限制走向宽松的进程并不算很快。按照行业限制的放宽程度排列（2014年相对于2003年），依次是批发、物流、零售、农业、其他金融、电力分配、固话、保险等。与经合组织国家平均指数相比，指标差距在0.2以内的有15个行业，从低到高依次为工程、建筑、酒店、林业、油

40 国家智库报告

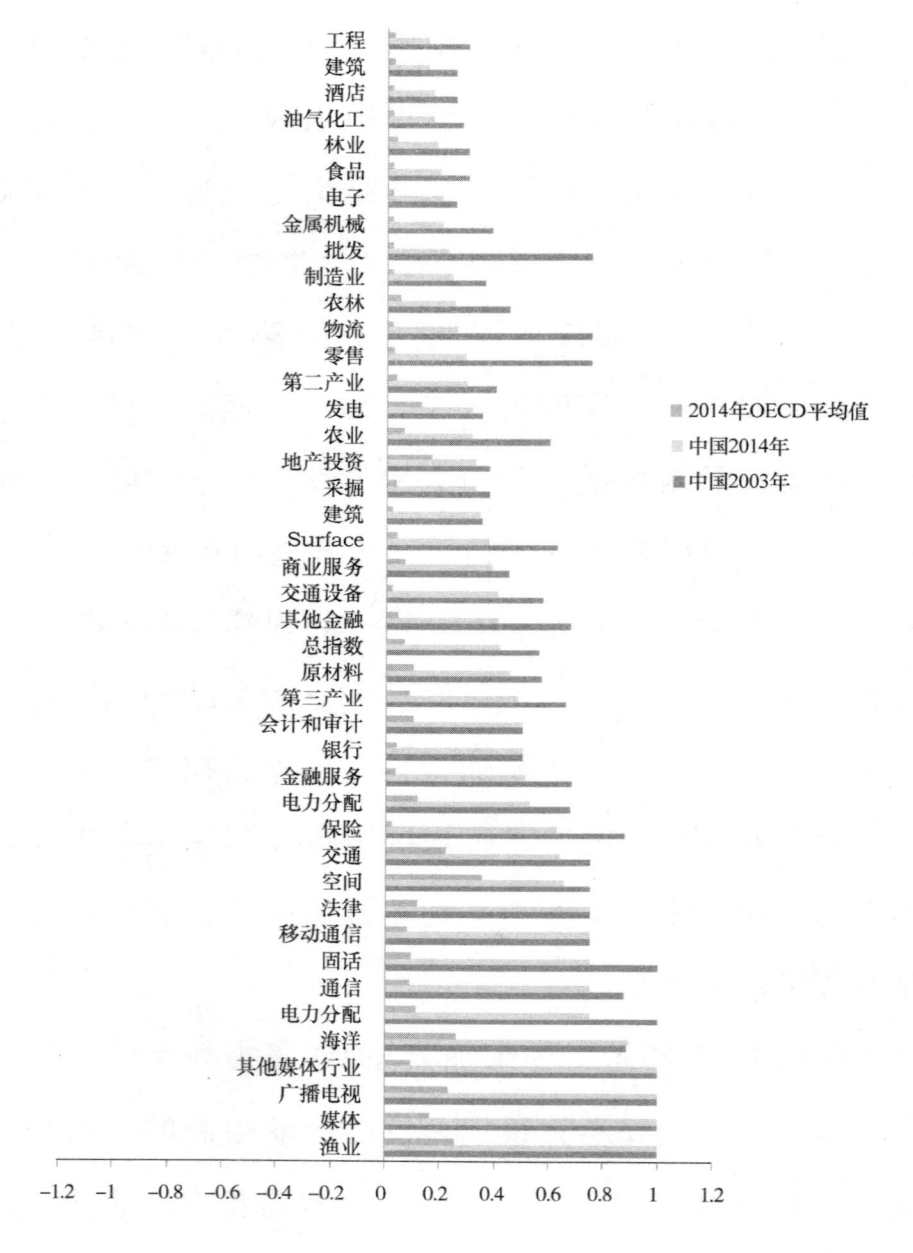

图 2-2 中国与 OECD 的外资管制限制指数比较

资料来源：OECD。

注：0 = 无限制，1 = 禁止。

气化工、地产投资、食品、电子、金属机械、发电、农林、批发、制造业、物流和农业。对于中国企业来说，在这些行业对经合组织国家投资时，各国的管制环境与国内最为接近。企业家也可据此判断，OECD对行业限制的划分是否符合行业内共识，由此可以外推到其他行业是否准确。

经合组织国家的各项分类监管限制行业分别是私营部门、制造业、电力、运输、通信、金融服务、商业服务、媒体和销售等。在这些行业中，根据数据分析可以看出，在经合组织中，有30个国家在销售指标中得分为0，这也说明多数国家对该行业吸引外商直接投资没有监管限制；在制造业中，有31个国家得分为0；在电力行业中，有24个国家得分为0。而各个国家在运输行业对于外商直接投资都有监管限制。

除了行业差异之外，中国与OECD在四个分指标构成方面也有较大差异。如图2-3所示，股权限制差异是根本，其次是审查因素。但中国在地产投资、建筑、工程领域的股权限制比OECD还宽松。

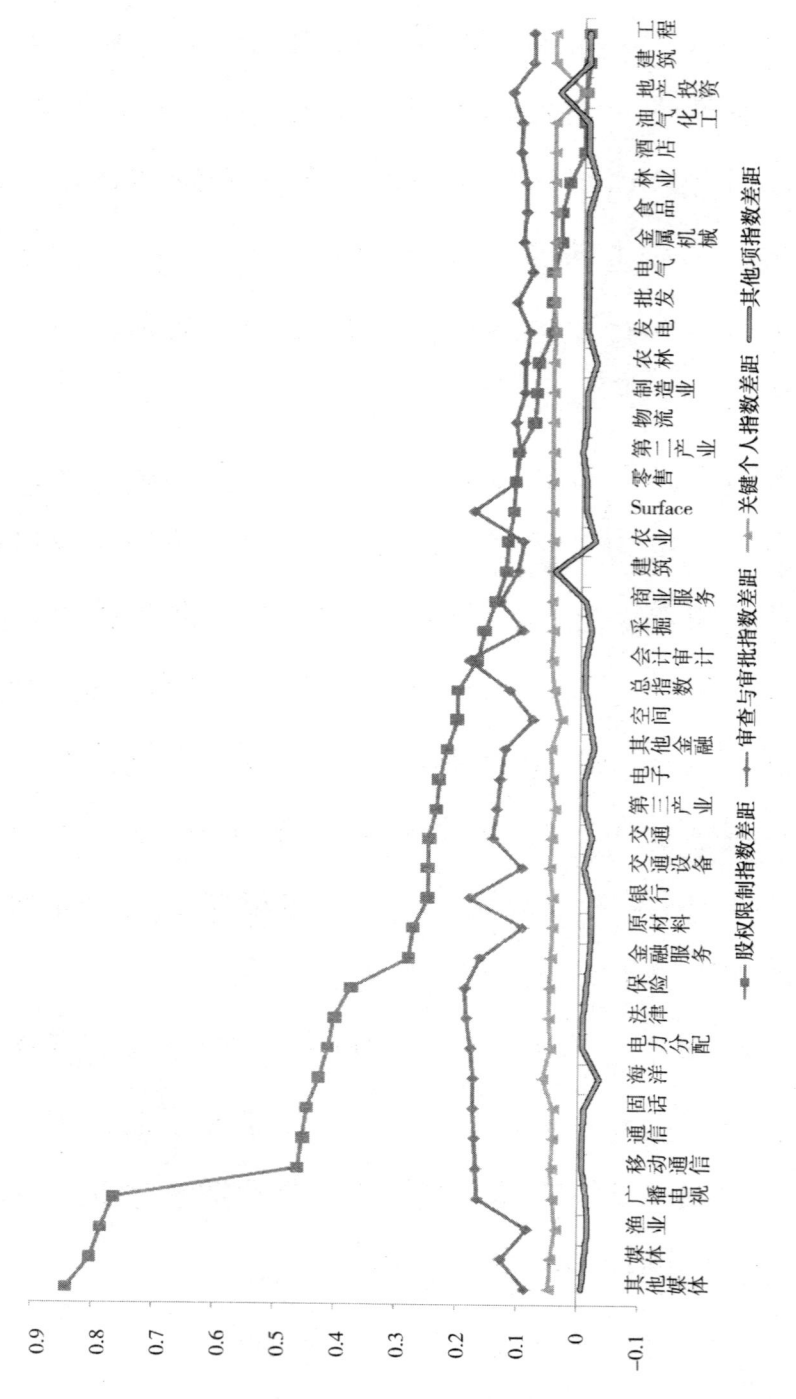

图2-3 中国与OECD平均值在四个分项上的指数差距（2014年）

资料来源：OECD。

注：0=无限制，1=禁止。

(三) 科尔尼、经济学人智库与维瑞恩的投资环境评估[①]

从公司角度对投资环境进行评估,可以找出三份有代表性的报告,分别是科尔尼咨询公司(A. T. Kearney)的投资信心指数、经济学人智库的商业环境评估以及新加坡的维瑞恩(Vriens & Partners)公司的亚太投资环境评估。中国在这三类评估中的位置都不同,其中科尔尼最近三年来将中国排在第二位,仅次于美国。

1. 科尔尼公司的投资者信心指数

科尔尼从1998年起开始发布投资(FDI)流入排名指数报告。根据这份排名,前五名的国家吸引外资占总流量的37%,前十名的国家吸引的外资达到40%,前25名达到72%。因此,该指数的排名较好地体现了国家吸收外资的业绩。

其方法主要是根据分布在38个国家、23个行业的全球前1000家企业的高管设计调查问卷获得初始数据。这38个国家吸收的外资占全球流量的90%。该指标根据调查者对未来3年投资趋势以高中低三个等级来综合排名

---

① 本节使用了凡帅帅和常淑凤整理的部分资料,特此致谢。

做出，调查的问卷回答等级分为高、中、低和"无兴趣"四类，所有分数都调整为0—3分，分数越高，吸引力越大。此外，该报告也利用了二手数据，多数来自联合国贸发会、世界银行、国际货币基金组织以及经济学人情报社等机构，其他还有各国的投资促进中心、中央银行、财政和贸易部委。

在科尔尼咨询公司2015年公布的FDI信心指数《关联的风险：在分化的世界中投资》报告中[①]，为了体现新兴经济体的影响，被调查的企业超过三分之一总部都在发展中国家。根据该报告，2015年全球FDI信心指数排名前25名分别是美国（2.10）、中国（2.00）、英国、加拿大、德国、巴西、日本、法国、墨西哥、澳大利亚、印度、意大利、荷兰、瑞士、新加坡、韩国、西班牙、瑞典、比利时、丹麦、奥地利、土耳其、波兰、挪威、芬兰。

报告认为，宏观经济不确定性和政府管制不透明成为投资者最重要的疑虑。有意愿的投资者仍然对于全球

---

① A. T. Kearney, The 2015 A. T. Kearney Foreign Direct Investment Confidence Index, *Connected Risks: Investing in a Divergent World*, Global Business Policy Council, A. T. Kearney, 2015.

经济形势抱有迟疑态度，宏观经济形势的不确定性已经成为阻碍外商投资的主要因素。各企业高管仍然对全球经济基础能否支持危机前的发展速度持有分歧，而39%的被调查者则仍然认为地缘政治紧张局势还是有可能发生的，总部设在欧美的公司对此尤为关心。

依据该报告的数据，企业在决定投资时，第一大因素是国内市场规模（25%），第二大因素就是政府管制透明度和腐败控制等（22%），第三大因素才是税率（22%），第四大因素是总体的安全环境（21%），第五大因素是劳动力成本（20%），第六大因素是法律和规则进程的效率（20%）。以上6项因素占比分别都在20%及以上。

2. 经济学人智库的商业环境排名

经济学人智库（EIU）是英国经济学人集团旗下的经济分析智囊机构，成立于1946年，多年来以其预测和高级风险评估模型而著称，它对各国经济分析与预测享有高度的客观性、独立性、透明度与简洁性的声誉。经济学人智库每5年会发布一次全球最佳营商环境排名，自2014年起，营商环境报告开始对外公开发布。

英国经济学人智库对全球营商环境的评估预测表明，

发达经济体总体排名依然靠前。在2014年5月发布，评估和预测2014—2018年全球部分经济体营商环境的《营商环境排名：哪个国家最适合经营商》报告中①，经济学人智库指出，发达经济体总体营商环境虽有波动，但仍旧好于发展中经济体。而各发展中经济体营商环境总体靠后，且差异较大。其中，中国在2009—2013年度排第49位，未来四年的排名还将倒退一位至第50位。鉴于中国对外投资的分布仍有很大部分位于营商环境较差的发展中地区，中国企业"走出去"应更加重视投资环境变迁。这些观点应当为中国企业"走出去"所重视。

营商环境报告设计了10个一级指标和91个二级指标，评估和预测82个经济体的政治经济环境及其走向，全面衡量各经济体营商环境的质量和吸引力。尤为重要的是，该报告还分析了未来五年的趋势性变化，力求反映企业在形成全球营商战略时所考虑的主要因素，为决策者提供参考。该报告使用的十个一级指标包括：政治环境、宏观经济环境、市场机会、民营企业和竞争的相关政策、外国投资相关政策、对外贸和

---

① The Economist Intelligence Unit, "Business Environment Rankings: Which Country is Best to Do Business in?" *The Economist*, 2014.

国际汇兑管制、税收、融资、劳务市场和基础设施。报告用的数据，一部分由经济学人智库从其国别预测、国别风险和国别营商报告中选取，另一部分则来自于其他知名数据库。

评估和排名所用的指标体系中，每个二级指标对应1（对营商极度不利）到5（非常利于营商）不同的数值。十个一级指标的权重相同，即各占10%，其得分取决于各自二级指标简单或者加权平均值的结果，分值1—10，分值越高，营商环境越好。

经济学人智库的该项评估分外重视法律环境变化。在衡量一国营商环境的十个一级大类指标中，有七个属于法律环境范畴，或者部分与法律环境相关。也就是说，若不考虑二级指标间权重不同，对于西方发达国家的跨国公司而言，与政治法律相关的因素在评估一国营商环境时占据54%左右的比重。

3. 维瑞恩（Vriens & Partners）公司的评估

新加坡维瑞恩（Vriens & Partners，简称V&P）公司针对亚太地区做了投资环境评估分析报告。该系列报告调查了200家公司的领导和政策专家，完成了数十次的面对面访谈，构建了由六种指标组成的评估框架，对20

个亚太地区的国家进行投资环境评估和排名。这六种指标分别是：法治、国际经贸开放度、税收、腐败、政治稳定、财政和货币管理。

亚太地区投资环境指数的排名由以下三项指标计算得出：V&P 公司众多具有实地研究经验的专家的评估报告、一流跨国公司进行的调查、知名第三方报告中的数据（世界经济论坛的全球竞争力报告、世界银行营商和全球治理指标、遗产基金会的经济自由指数）。V&P 公司对 200 多家企业领导和政策专家进行调查，并与企业高管进行了数十次的访谈。其中，国家排名是根据世界经济论坛的全球竞争力报告数据和世界银行营商指数中的世界排名数据来换算的，将排名数据直接转换成 0—100 分并在下面的公式中计算，得出亚太地区环境指数。亚太地区环境指数 = [100 −（国家排名/被考察国家总数）×100]。

2014 年度报告认为，亚太地区国家的投资环境排名相对稳定，地区内政治事件并没有影响到外资的环境。① 但印度尼西亚因出台一些保护主义法规而下降至

---

① Vriens & Partners Asia Pacific Investment Climate Index 2014，可从公司网址下载，http：//www.vrienspartners.com/category/reports。

第15名。相比之下，法律制度的改进、国际经贸开放度以及政治的稳定，反而使越南排名上升至第13名，新加坡仍稳居第一，新西兰取代中国香港上升至第2名。总的来说，由于东盟建设经济共同体目标明确，增强了外界对该地区开放的信心，东南亚国家经济体吸引外商投资的水平也日益提高。

总体而言，2013—2014年排名相对稳定，这表明政治事件并没有短期内改变外商投资的环境。国际经贸开放度、财政和货币管理、法律规则的成果在很大程度上抵消了一些市场政治稳定的损失。这些开放性的成果在很大程度上通过参与双边和多边贸易投资协定推动了经济一体化的进程。

随着东南亚经济体发展成越来越具有吸引力的生产基地，东北亚成熟的主要经济体也正在努力地同东南亚主要经济体相竞争，而南亚主要国家投资环境指数排名基本靠后，印度排名第17，斯里兰卡排名第16，孟加拉国排名第20。中国的排名已经上升至第11位。由于人民币的升值、东南亚廉价劳动力的可利用性以及基础设施的改进，中国在水、电信、能源、运输等领域的市场化将进一步提升中国的位置。

法律规则指标的得分是由以下几部分内容计算而来：V&P公司专家评估（根据他们深厚的知识和丰富的工作经验对国际商业的法律法规进行评估）、地区行政领导的调查（反映在该区域国际商业领袖的经验）、2013—2014 WEF全球竞争力报告（司法独立、财产权、解决争端时法律框架的效率、挑战性规定中的法律框架的效率）和2014世界银行营商报告（执行合同）。这三大类指标在计算中各占1/3的权重。

在该指标中得分排名前五名的国家分别是：新西兰（91.9）、新加坡（89.9）、澳大利亚（88.2）、中国香港（86.8）、日本（82.6）。得分较低的国家是：孟加拉国（30.0）、老挝（37.2）、缅甸（39.0）、柬埔寨（40.2）、印度尼西亚（42.5）。中国得分为56.9，名列第11位。发达国家经济体的法律环境较好，法律制度更为完善，而这些发展中国家在发展过程中各方面的法律制度规则较为欠缺，因此，其法律规则及其制度方面需要进一步的健全以及完善，以便吸引更多的外资。报告认为，一个国家若能够提供一个稳定的政治、法律环境和审慎的宏观经济政策，将更有助于吸引外国投资。

（四）世界银行的跨境投资评估[①]

2005年世界银行发布的《世界发展报告》是该系列报告中唯一一部特别关注投资环境的报告，它采用了与2003年发展报告相近的定义来界定"投资环境"，即"一系列特殊的，能够影响公司有效率地投资、创造就业和扩大业务的因素的组合"。世界银行对投资环境的定义较为关注投资所面临的相关法律、制度和管理层面的因素组合，而对影响投资的宏观经济环境、基础设施、社会文化背景等强调程度较低。而在2004年，世界银行还发布《营商环境2004：理解管制》报告。[②] 显然，与20世纪80年代注重宏观框架的改革不同，21世纪的世界银行进入了一个转型阶段，日渐注重微观领域，特别是企业对国家发展的意义。

为了支持投资环境改善工作，世行集团使用了一系列的指标和评估工具来说明不同国家的投资环境的特点和质量，为相关改革指明方向，并监控进程。近年来新

[①] 本节在凡帅帅提供的资料基础上修改整理而成，特此致谢。
[②] The World Bank, Doing Business in 2004: Understanding Regulation, Washington, D.C.: World Bank, 2004.

的分析工具和调查项目被应用到评估监管环境中非常具体和微观的层面中，开展了包括营商环境（Doing Business）、企业调查（Enterprise Surveys）、地方营商环境（Subnational Doing Business）、公共采购基准（Benchmarking Public Procurement）、外商直接投资管制数据库（FDI Regulations Database）等项目。从2003年开始，世行每年发布一次营商环境报告，评估189个经济体本地中小企业在生产周期内所面临的经营环境。

世行的营商环境报告本意是为本地企业做评估，而不是对国外投资，直到2010年的一份报告才跟进评估外国投资者的潮流。负责外商直接投资管制数据库项目的是"跨境投资"（Investing Across Boarders）指标组，目前共发布了2010年和2012年两组报告，具体评估外资企业在东道国不同运营阶段所面临的法律政策环境，它利用定量指标来分析各经济体内影响外国投资者如何跨境投资、开办企业、获得工业用地以及仲裁和调解商业纠纷等的法律、政策及其实际执行的效果和环境。

"跨境投资"报告总共分为两批，第一批是2010年发布的《跨境投资2010——87个经济体FDI管理指标》，这是世界银行提供的第一本关于外国直接投资法律法规客观的，在 87 个国家间可比较的报告。该报告搜集的是 2009 年至 2010 年的数据，通过四个专题——"跨部门投资""开办外资企业""获得工业用地""商业纠纷仲裁"来分别评估经济体管理 FDI 的法律和政策环境。第二批是 2013 年发布的四个报告，调查对象包括全球 104 个经济体，增加了"雇佣熟练外籍劳工"数据，基本模式等同于 2010 年报告。其中，"外国跨部门投资"（将开办外资企业与跨部门投资整合）和"仲裁和调解纠纷"两类数据，与 2012 年报告内容有重合，但是数据较新，考察经济体数量也增加。

从其调查思路和方案设计看，世行的"跨境投资"项目与 OECD 的外商直接投资管制限制指数有相似之处，但其范围却又广得多。不过，令人奇怪的是，尽管 2010 年报告涵盖的 87 个经济体中包括中国，但更新数据之后的网站上却无法下载到中国的数据，仅有中国香港和台湾省的数据。① 根据 2010 年的报告提供的数据，中国的评分较为靠后，只有在第二项指标"开办外资企业"上比全球平均水平少了 0.7，而其余指标都低于全球和地

---

① 进一步信息可参考世行网站 http://iab.worldbank.org/Data/FDI-2012-Data。

区水平。显然，这一评估是有问题的。中国各地的差异极大，例如浙江富阳为优化投资环境，2015年的平均审批外资企业设立的时间已经缩短为4天，而世行数据库中给出的中国审批时间为18天。[①]

[①] 《2015杭州富阳区投资环境（上海）推介会在沪举办》，新华网，2015年6月18日，http://www.sh.xinhuanet.com/2015-06/18/c_134342027.htm。

三　世界对外投资的新特点

2008年全球金融危机以来，世界经济仍然在低谷中艰难前行，各主要机构对未来增速的预测多数维持在3%以下，低于金融危机之前的十年。尤其值得注意的是，国际贸易的增速低于世界经济增速，由此使得东亚以出口导向为主导模式的经济体不得不加快发展模式的转型。在此形势下，全球对外直接投资的增速也大幅度降低，2014年全球外资流量达到1.23万亿美元，比2013年下跌2400亿美元。联合国贸发会的《世界投资报告2015：重构国际投资机制》认为，脆弱的全球经济、政策不确定性以及地缘政治风险共同拉低了外资的增速。[①]

但近年来，中国对外直接投资却不断创出新的历史高值，流出量从2008年的559亿美元增长至2014年的1231亿美元，翻了一番还多，2015年有可能达到1412亿美元。预计，中国的对外投资还会持续增长。

值得重视的是，当前和未来一个时期，随着世界经

---

① 联合国贸易和发展组织编：《世界投资报告2015：重构国际投资机制》，南开大学出版社2015年版，第3页。

济的发展，世界投资的环境将进一步发生重要的变化，必须研究这些变化，制定适时的应变之策，以规避风险，获得预期的收益。

（一）发展中经济体与发达经济体竞争引资主导地位

全球金融危机对直接投资的影响是巨大的，投资流量迄今还未恢复至 2007 年的水平。不过，金融危机对直接投资的影响似乎还不能与 21 世纪初相比，那个时候全球直接投资的下滑幅度还大于此次金融危机。图 3－1 表明，流入发达经济体的 FDI 曾有过两次较大的波动，第一次波动是 2000 年前后，1997 年东亚金融危机时期开始飞速增长，但至 2001 年"9·11"事件后迅速下跌；第二次是 2007 年达到历史高峰，但在全球金融危机后迅速下跌。

流入发展中经济体的外资基本上呈现出稳步上升的态势，在流入发达经济体的外资发生剧烈波动的两个时期，流入发展中经济体的外资波动相对平缓，但显然 2008 年金融危机的影响力更大一些。但需要引起重视的是，发达国家受到金融危机的打击要比发展中经济体严重得多。发展中经济体吸收的外资流量只经历 2009 年一年的下滑，之后就缓慢复苏，并很快于 2011 年达到新的高峰。

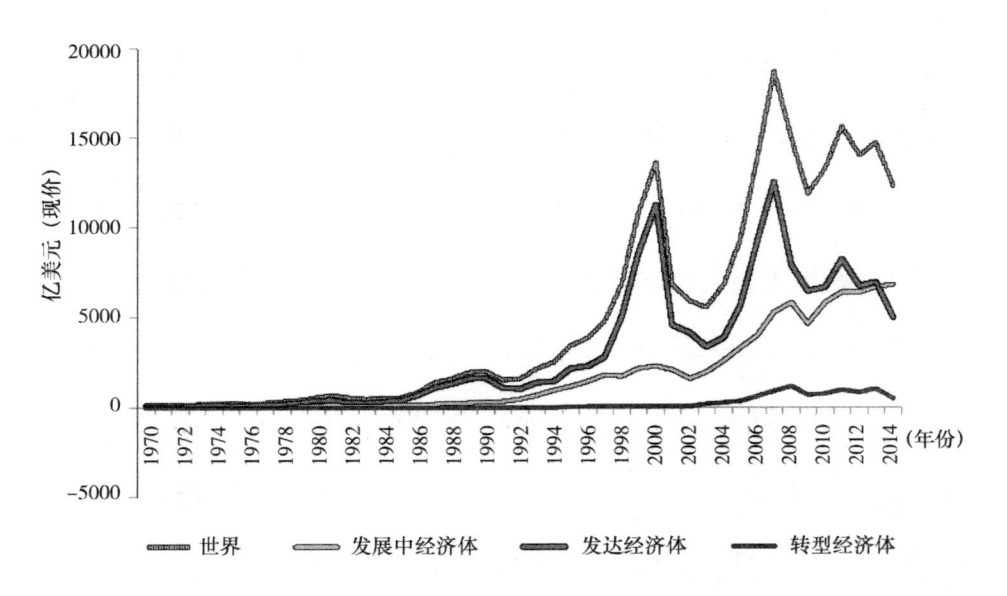

图 3-1　1970—2014 年流入发达经济体和发展中经济体的外资

资料来源：UNCTAD.

2012 年，发展中经济体吸收的外资首次超过发达经济体，成为全球吸收外资最多的经济体。这也表明，投资者更加青睐发展中经济体，而不是历史上一直占据主导地位的发达经济体。显然，与世界经济格局发生重大变迁一样，直接投资的全球格局正在发生历史性变迁。据《世界投资报告 2015：重构国际投资机制》预测，假设今后两年世界经济增长率和固定资本形成总额都高于2014 年，那么 2015—2017 年对外直接投资的年流出量将分别达到 1.4 万亿、1.5 万亿和 1.7 万亿美元。不过，由于发达经济体普遍实施量化宽松政策，流入发展中国家的直接投资增速将减缓，从过去10年平均11%下降到2013年的6.7%，2015年流入发达国家的直接投资将再度超过发展中国家。① 如果这一预测成真，意味着发达国家在金融危机后采取的政策，正在终结21世纪初以来保障发展中世界经济增长的宽松外部环境。2016年1月20日，联合国贸发会发布的投资监测报告显示，2015年全球FDI流量攀升至1.7万亿美元，比2014年增长36%，其中流入发达国家的投资增速明显加快，占全球总流量的55%，而投资模式主要是并购，绿地投资占比较小。②

因此，全球投资格局正处于发展中与发达国家之间的激烈交锋之中。从中国的视角出发，显然我们还需要站在发展中对外投资者的角度，重新看待既有的各类评估标准。从流出量来看，发达经济体还占据着主导地位，那么包括各类评估，基本还是为发达国家的跨国公司服务的。由此也可以体会到，多数机构对中国的投资法规环境评估分值总体较低，西方跨国公司希望按照它们的国内发展模式塑造更加有利于其类似于国内的垄断地位。

---

① 联合国贸易和发展组织编：《世界投资报告2015：重构国际投资机制》，南开大学出版社2015年版，第23页。

② United Nations Conference on Trade and Development, *Global Investment Trends Monitor*, No. 22, 20 January, 2016.

（二）发展中经济体作为资本输出国占有一席之地

20世纪80年代以前，来自发展中经济体的对外直接投资基本可以忽略（主要是拉美国家）。从20世纪80年代初开始，发展中经济体对外投资占世界比重从3%上升至90年代中期的16%，但在经历第一个大波动之后又下跌至1999年的5%。21世纪开始，发展中经济体的对外直接投资占比上升速度加快，2010年就达到了25%，至2014年已经达到34.6%（如图3-2所示）。从流出量来看，发达经济体还控制着投资的主导地位。那么包括各类投资环境评估在内的多数研究，其主要对象是发达国家的跨国公司，毕竟进行对外投资的公司最需要对东道国进行这类评估。

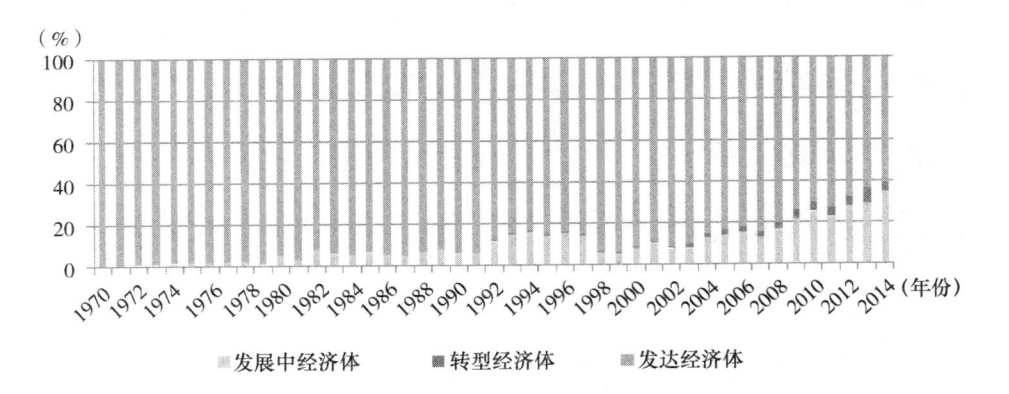

图3-2 1970—2014年发达经济体与发展中经济体对外直接投资的占比

资料来源：UNCTAD.

目前发展中经济体的对外直接投资还落后于发达经济体26个百分点，短期内难以改变流量格局，但发展中经济体在全球对外直接投资中的地位已经不能被忽视，甚至可以说是一支非常重要的力量。那么，一个直观的结论是，以往关于投资的一些常规性认识和基本判断可能需要更新。通常意义上而言，直接投资的理论来源于发达国家的对外直接投资，服务于这类投资的各种研究报告也与发展中经济体关系不大。现在，随着发展中经济体力量的崛起，需要更加重视国别的对外投资经验，特别是来自某些重要的新兴市场经济体的对外投资。

在这种流出量格局变迁中，中国的地位上升是显而易见的。中国的对外直接投资的历史较短，虽有世界主流对外投资的共性，但目前更多的可能是中国特色。将来也许会像日本那样，随着人均收入的不断提高，和美国的对外投资趋同。因此，在对中国企业的海外投资进行各类风险或者优劣评估时，除了借鉴包括世界银行在内的评估机构对外资环境的评估之外，还要更加重视中国对外直接投资的特殊性和阶段性。

(三) 中国对外投资态势最强劲

2014年，全球有21个经济体的对外直接投资流量超过100亿美元，占全球直接投资流出量的85%。对外直接投资流出量在300亿美元以上的经济体有12个，占全球总流出量的78.1%。500亿美元以上的只有7个经济体，占全球总流出量的68.7%。

因此，看全球投资格局的变化，主要还是看这些国家和地区。2014年的七大对外投资经济体分别为美国（24.9%）、中国香港（10.5%）、中国（8.6%）、日本（8.4%）、德国（8.3%）、俄罗斯（4.2%）和加拿大（3.9%）。如果范围扩大到13个经济体，那么还可以包括法国（3.2%）、荷兰（3.0%）、新加坡（3.0%）、爱尔兰（2.3%）、西班牙（2.3%）和英国。英国的情况比较特殊，最近几年流出量一直是负数，但20世纪70年代以来的很长时期内，英国都是仅次于美国的对外直接投资大国，2011年曾一度恢复至6.8%。

如图3-3所示，在影响全球投资格局的七大经济体（FDI Seven）中，呈现出三种增长模式。第一种，美国一枝独秀，起伏较大，不过金融危机以来相对稳定，占

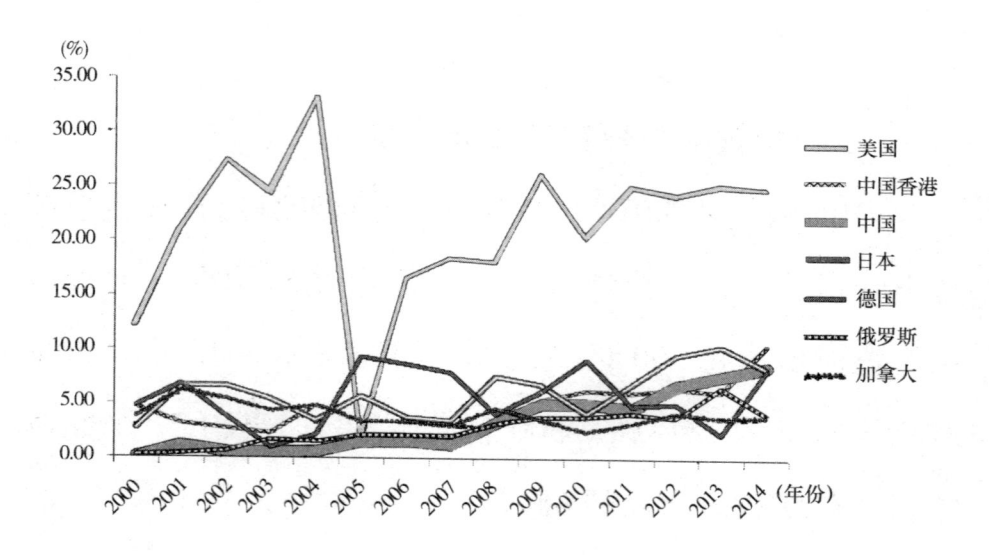

图 3-3 2014 年对外直接投资的七大经济体

资料来源：UNCTAD.

全球流出量的 25%。第二种，中国香港、日本、德国、加拿大的对外投资增速和体量基本接近，而且要比美国稳定得多，除加拿大占全球比重接近 4% 以外，其余三国都在 8% 以上。第三种，与中国最接近的是俄罗斯，2000 年时两国对外投资占全球比重几乎可以忽略不计，但是彼此增速都很快，到 2008 年金融危机发生时已基本追齐其他四国，但距离美国仍然十分遥远。不过，需要强调的是，可能源于俄罗斯与西方关系的恶化，以及油价下跌重创俄罗斯经济，2014 年以来俄罗斯的对外直接投资速度已大幅度放缓，而中国仍然呈现出高速发展态势，从这个意义上说中国又与俄罗斯不同，特殊性明显，更善于应对国际形势的变革。

在对外直接投资领域，美国的主导地位是显而易见的。由于美国跨国公司对外投资起步早、力量雄厚，相应地在有关研究方面也走在多数国家的前列。对中国企业走出去而言，合理借鉴美国对相关问题的研究是绕不开的，且能直接受益。如图3-4所示，以对外投资存量占世界存量比重，以及GDP占世界经济总量比重来衡量，中国在全球主要对外投资国家中处于最末端，而美国无论是在投资领域还是经济总量领域都遥遥领先于其他国家。按照中国的发展战略，这种格局未来会被加速改变。

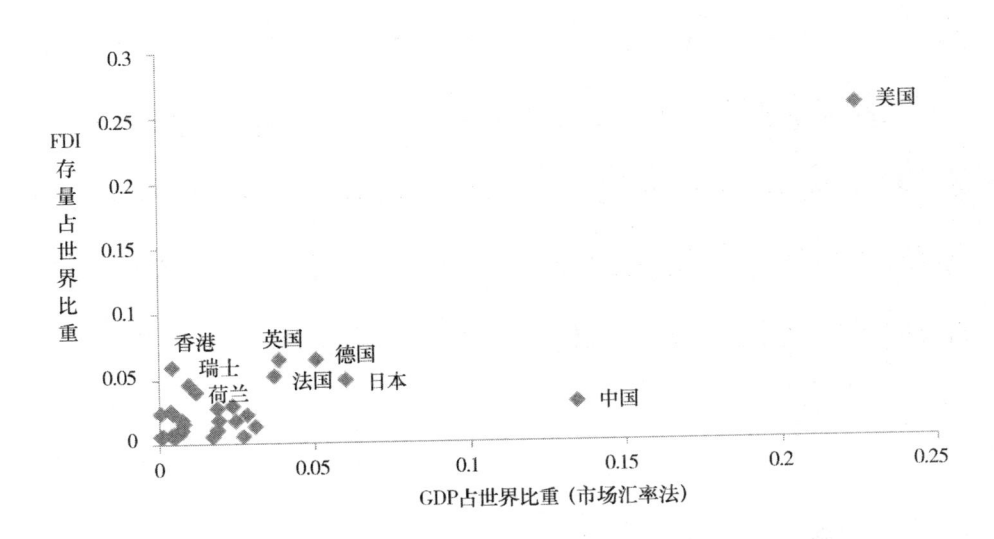

图3-4 中国对外直接投资存量占世界比重相对于其经济总量仍显不足

资料来源：UNCTAD，IMF.

（四）中国与美日对外直接投资地域分布不同

从经济总量来看，美国、中国和日本是世界前三大经济体，对世界经济增长产生十分重要的影响，特别是美国市场的走势吸引诸多关注，往往成为多数公司判断全球经济形势和对外投资的一个重要参考点。2014年，中国对外直接投资存量列全球第8位，比2002年前进了17位，但流出的直接投资存量仅相当于美国的14%、日本的74%。[1] 这意味着，中国对外直接投资与美日在诸多方面都存在着显著差距。

长期以来，发达国家之间彼此的相互投资构成全球投资的主要内容。1988年，欧洲吸收的美国外资占美国对外直接投资总额的47%，2013年这一比重增加至56%。从20世纪80年代初迄今，欧洲在美国对外投资中的存量地位稳步上升。相比之下，日本在美国对外投资中的存量地位自1994年达到峰值5.6%之后逐年下降，2013年

---

[1] 中华人民共和国商务部、中华人民共和国国家统计局、国家外汇管理局：《2014年度中国对外直接投资统计公报》，中国统计出版社2015年版，第17页。

不足2.7%。① 从欧洲的角度看，北美仍然是最重要的投资目的地，2012年占了欧盟27国对外直接投资存量的37%，美国一国就占32%。中国香港、新加坡和中国大陆是欧盟在亚洲最重要的三个投资目的地，2012年末三地合计占到欧盟在亚洲投资存量的一半，而日本只是名列第四。② 因此，对欧美而言，日本的投资地位远不如20世纪80年代后期，而大西洋经济的紧密程度比以前更甚，双方的经济联系通过跨国公司之手变得难舍难分。

日本在所谓经济增长放缓"失去的二十年"中，对外投资额仍然持续增加，但其对外投资格局经历了较大的变革，对欧亚的投资增多，对美投资下降，目前基本可以说是在欧洲、美国和亚洲的投资三分天下。③ 不过，2012年以来，日本对美投资已经止跌回升，但是对亚欧的投资增长率却陷入某种程度的停滞状态。从原因来看，欧洲债务危机之后的资产贬值对日本的对外投资是个打

---

① 数据来自美国商务部经济分析局网站，http://www.bea.gov/international/di1usdbal.htm。

② European Commission Eurostat, "Foreign Direct Investment Statistics", June 2014, http://ec.europa.eu/eurostat/statistics-explained/index.php/Foreign_direct_investment_statistics.

③ 数据来自日本贸易振兴会（JETRO）。

击，因日本在欧洲的投资并不像中国那样以收购品牌为主。而亚洲的局势更复杂一些，日本对东盟投资增速仍然很快，但对中国和东亚"四小"的投资增速放缓明显，其中不乏中日关系交恶的因素。值得注意的是，一批日本公司注意到美国推动的"泛太平洋经济伙伴关系"（TPP）谈判所蕴含的价值，加大了对美国和东盟的投资。

中国对外直接投资在地域分布上则高度集中于亚洲，特别是发展中经济体。以流量来看，2014年，中国对发展中经济体的投资为976.8亿美元，占到当年流量的79.3%，同比增长了6.5%。在前二十大吸收中国对外直接投资的经济体中，亚洲的地位是非常突出的。流入中国香港的直接投资为708.7亿美元（57.6%），新加坡吸收了28.1亿美元（2.3%），印度尼西亚12.7亿美元（1.0%），老挝10.3亿美元（0.8%），巴基斯坦10.1亿美元（0.8%），阿联酋7亿美元（0.6%）。总体而言，亚洲占当年流量的69%。[1] 从存量来看，中国对外直接投资更是集中在发展中经济体。2014年末，中国在

---

[1] 《2014年度中国对外直接投资统计公报》，第12—16页。

发展中经济体的投资存量达到7282亿美元，占82.5%。其中，在亚洲的投资存量占68.1%。①

因此，就地区而言，中国更加需要关注的是亚洲市场的变革，而美国投资者更加关注欧洲，日本公司则对欧洲、北美和亚洲三地都需付出心力。从国家（地区）来说，如表3-1所示，截至2014年末，中国对外直接投资的前二十大经济体占总存量的89.2%，特别是中国香港占57.8%，两个离岸金融中心英属维尔京群岛和开曼群岛分别占5.6%和5%，美国占4.3%，名列第四，澳大利亚和新加坡旗鼓相当，分别占2.7%和2.3%。这前二十大经济体，除南非、印度尼西亚、缅甸和老挝外，多数是人均GDP很高的国家。而据商务部公布的信息，2015年，中国对外直接投资主要分布在中国香港、开曼群岛、美国、新加坡、英属维尔京群岛、荷兰、澳大利亚等。对前10位国家地区投资累计达到1016.3亿美元，占到全年对外非金融类直接投资的86.1%。其中，对美国投资83.9亿美元，实现了60.1%的较高增长。②

---

① 《2014年度中国对外直接投资统计公报》，第19—20页。
② 《商务部合作司负责人谈2015年我国对外投资合作情况》，商务部网站，2016年1月15日，http://www.mofcom.gov.cn/article/ae/ai/201601/20160101235603.shtml。

表3-1　2014年末中国对外直接投资存量前二十的国家（地区）

序号	国家（地区）	人均GDP（现价美元）	存量（亿美元）	比重（%）
1	中国香港	40169	5099.2	57.8
2	英属维尔京群岛	—	493.2	5.6
3	开曼群岛	64105	442.4	5.0
4	美国	54630	380.1	4.3
5	澳大利亚	61886	238.8	2.7
6	新加坡	56287	206.4	2.3
7	卢森堡	110664	156.7	1.8
8	英国	45603	128.1	1.5
9	俄罗斯联邦	12736	87.0	1.0
10	法国	42732	84.5	1.0
11	加拿大	50271	77.9	0.9
12	哈萨克斯坦	12276	75.4	0.8
13	印度尼西亚	3492	68.0	0.8
14	南非	6478	59.5	0.7
15	德国	47627	57.9	0.6
16	挪威	97363	52.2	0.6
17	老挝	1760	44.9	0.5
18	荷兰	51590	41.9	0.5
19	澳门	96037	39.3	0.4
20	缅甸	1203	39.3	0.4
	合计		7872.5	89.2

资料来源：《2014年度中国对外直接投资统计公报》，世界银行。

注：卢森堡人均GDP年份为2013年，开曼群岛人均GDP年份为2006年。

因此，尽管中国对外投资存量多数还在发展中经济体，但考虑到香港占比很高，其实人均收入较高的发达国家和地区仍在中国对外投资中占据突出地位，至少前二十大经济体中有近80%都是高收入经济体。显然，中国在发达地区的投资肯定不是传统意义上的劳动密集型产业，希望获取的是战略性资产、品牌或者技术。实际上，中国的外资存量也反映出了国际投资界的一般规律，即人均收入较高的经济体容易吸收到外资。发达经济体通常设定有利于投资的环境，比如产权明晰、法律保护严密和政治稳定。

20世纪80年代末，以美国经济学家爱德华·格雷汉姆（Edward M. Graham）和保罗·克鲁格曼（Paul R. Krugman）的专著《外资在美国》为标志，关于外资有益于东道国经济社会发展被严格论证，这不仅加深了美国政治家和普通公众对外资作用的认识，也将外资的有益作用向全世界扩散。[1] 一个有力证据是，美国吸引的外资从20世纪90年代初约5000亿美元飞跃至90年代末的2.8万亿美元（累积值）。

从20世纪90年代初起，有关外资促进经济增长的研究得到广泛开展。著名的联合国贸发会投资报告，将

---

[1] Edward M. Graham and Paul R. Krugman, Foreign Direct Investment in the United States, second edition, Washington, DC: Institute for International Economics, 1989.

各国政府外资政策转向欢迎外资归因于"跨国公司是增长动力"之故。这一转变非同寻常,因 70 年代贸发会对外资持严厉的批判态度。1992 年的《世界投资报告》认为,外资对经济增长施加作用的机制主要有如下几种:促进实物资本形成、技术和人力资源发展等传统的生产函数要素,通过扩大投入和产出实现贸易效应,以及改善经营环境和可持续发展等。① 2002 年,经合组织(OECD)在《对外直接投资与发展》报告中认为:对外直接投资通过技术外溢,帮助形成更好的人力资本,促进国际贸易一体化以及建立更有助于发展的商业环境来促进东道国经济增长。在该报告所评估的 14 份文献中有 11 份认为,外资流入有助于东道国的收入增长和全要素生产率提高。② 简而言之,外资促进经济增长的机制主要分为两大类:第一类是改善生产要素,第二类是结构性的要素之间重新匹配带来的资源配置优化。

尽管理论上外资通过上述机制可以促进东道国经济

---

① Transnational Corporations and Management Division, Department of Economic and Social Development, *World Investment Report 1992*: *Transnational Corporations as Engines of Growth*, New York: United Nations, 1992.

② OCED, Foreign Direct Investment for Development: Maximising Benefits, Minimising Costs, Paris: OCED, 2002, p. 66.

增长，经验研究同时也表明这种促进作用还取决于东道国自身的状况。①一般而言制度较完善、人力资本较高的东道国更加容易从外资中获益，而经济发展程度很低、社会发育较慢的一批最不发达国家，通常难以从跨国公司的生产网络中学习到如何更好地得到生产的收益。从这个角度看，东道国政府的发展水平、外资政策以及整体的商业环境很重要。

（五）发展中经济体更为依赖中国资本

早在20世纪90年代初，美国、欧共体、日本三个发达的经济体已是当时世界上主要的投资输出国，世界投资格局从20世纪80年代早期美欧主导的两极发展到90年代初期的三元体系（Triad）。无论是就存量还是流量看，三方的对外投资都占全球份额的80%，而三方贸易占全球比重不过是50%左右。②

---

① Ilhan Ozturk, "Foreign Direct Investment-Growth Nexus: A Review of the Recent Literature", International Journal of Applied Econometrics and Quantitative Studies, Vol. 4 - 2, 2007, pp. 79 - 98.

② United Nations Center on Transnational Corporations, *World Investment Report 1991: The Triad in Foreign Direct Investment*, New York: United Nations, 1991, p. 4.

但中国对外投资显然还到不了这样一个水平,中国对发达国家的投资占发达国家吸收外资比重总体上微不足道。在外资领域,中国面临着不对称性,中国与发展中经济体的关系更为紧密,发展中经济体要比发达经济体更依赖于中国。

从现有流量数据看,可以找出2014年中国对119个国家和地区投资占东道国吸收的外资比重。如图3-5所示,该比重在10%以上的有35个经济体(包括图中未出现的中国香港),当年处于这一等级的除德国(78.6%)、卢森堡(67.1%)和日本(18.9%)外,都属于发展中经济体,最后一个国家是马达加斯加。在这一等级前端,分别是萨摩亚、尼泊尔、老挝和蒙古;第二等级为5%—10%,共有17个国家,最后一个国家是科特迪瓦。图3-5中线条最长的是美国,落在第二等级内,占比只有8.2%,其次是澳大利亚(占比7.8%)。第三等级为1%—5%,共有47个国家。

图3-5还显示出,流量和流量占比的分布呈现非连续特性,最左侧不仅流量多,而且占比还高。此后中国外资流入尽管占比还高,其实流量并不大,这意味着

中国企业走出去面临的法规环境　　73

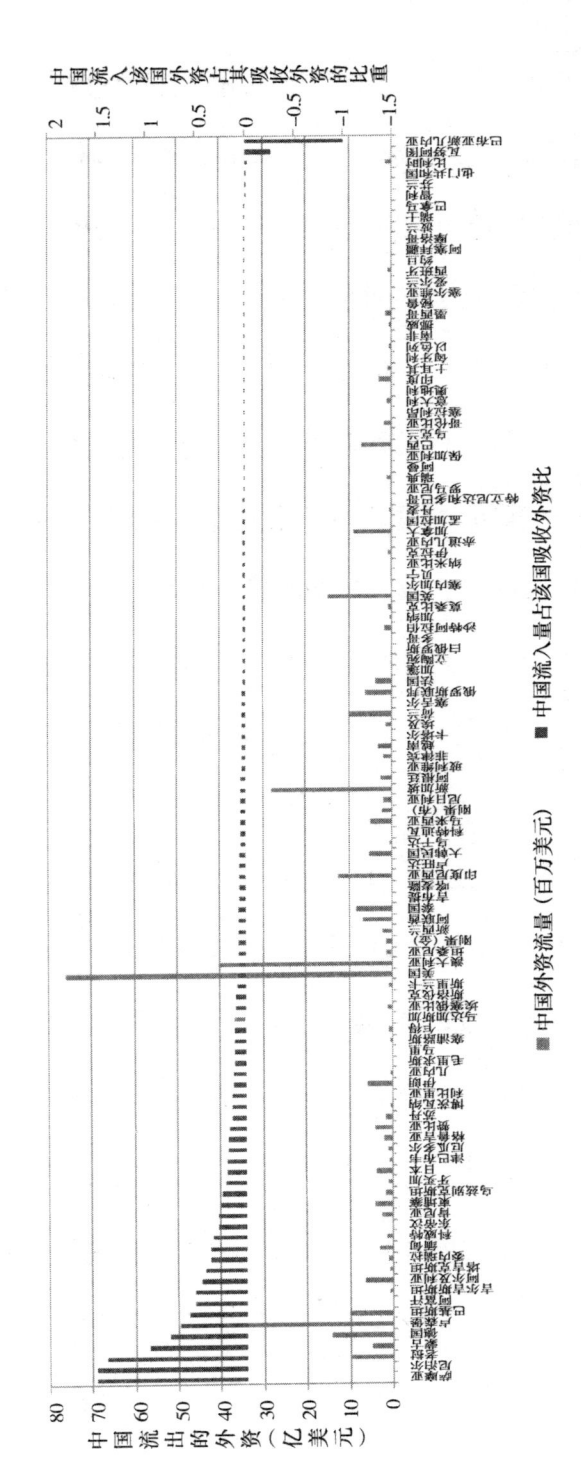

图3-5　中国对外投资与东道国吸收外资占比

资料来源：《2014年度中国对外直接投资统计公报》；UNCTAD。

中国资本进入的国家和地区很可能是在全球投资格局中弱势的群体,这与发达国家的投资目的地有很大区别。具有这类特征的国家往往在非洲。东亚只有一个东帝汶具有此类特征,2014年中国在东帝汶的投资为973万美元,但却占东帝汶吸收外资的28.7%。在美国(2014年吸收中国投资76亿美元)到荷兰(吸收中国资本10亿美元,占比3.4%)之间的国家,其特点是投资额较多,但占东道国吸收外资的比重并不大,这类国家中有多个是东南亚国家,包括泰国、印度尼西亚、马来西亚、新加坡、菲律宾和越南。

从存量上看,中国对外投资的国别分布也有类似特点。如图3-6所示,中国对外投资占东道国存量在4%以上的国家和地区共有64个,但没有一个是发达国家。周边地区和非洲是中国占比较高的区域。这些地区被西方普遍认为法治程度较差,管制框架容易发生变动。而中国投资占比高可能既是这种评估的结果,也是原因之一。

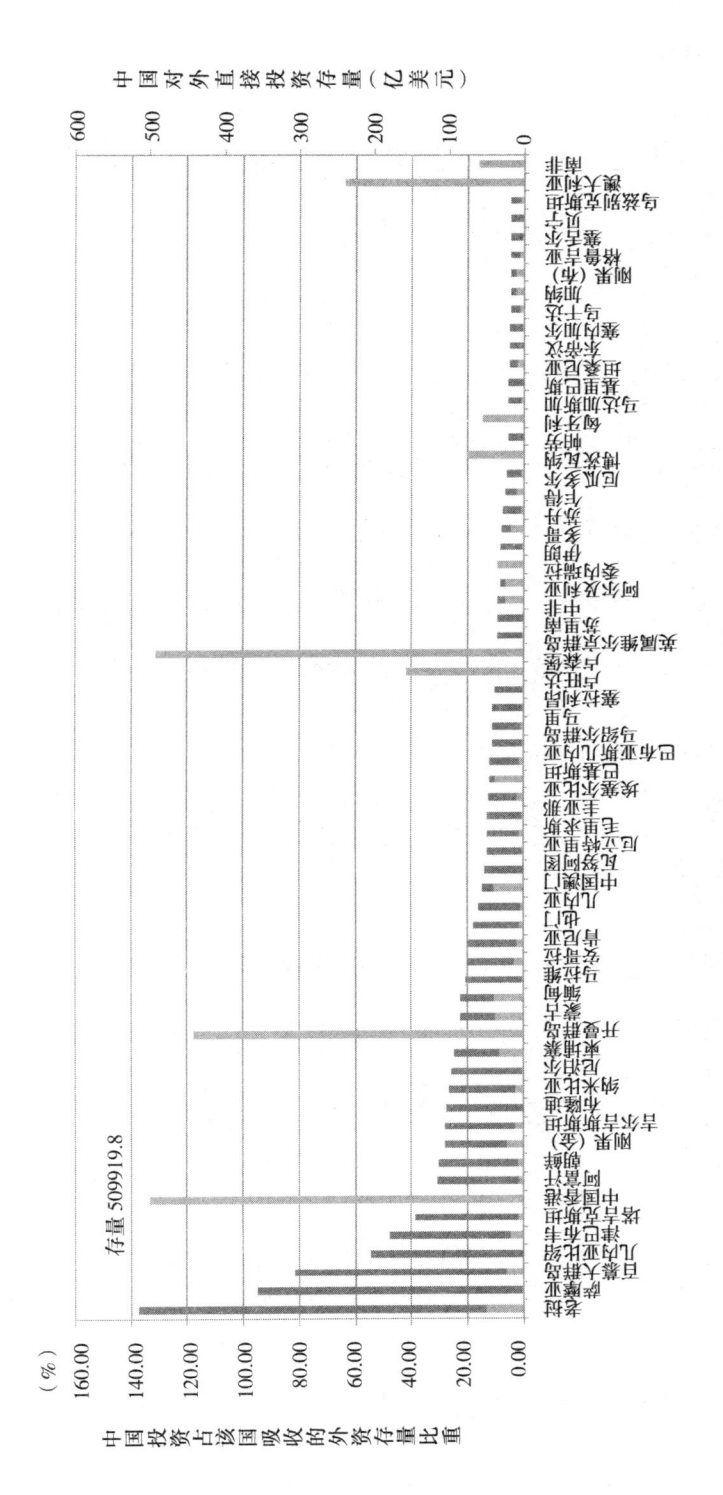

图 3-6 中国对外直接投资在东道国的投资地位

资料来源:《2014年度中国对外直接投资统计公报》;UNCTAD。

四 中国企业走出去的法规环境认识

总体来看,中国企业对外投资时还不是那么重视法规环境,特别是在对发展中经济体进行投资时尤其如此,这一点与多数机构在总结影响对外投资决策的区位因素也是一致的。但是需要注意的是,中国对外投资的区位分布具有特殊性,大约有60%流向了中国香港,剩下的40%几乎是一半在发达地区,一半在发展中地区,而显然在发达地区投资的企业更加重视法规环境的影响。

中国企业无论是在发达地区还是发展中地区进行投资,都必须关注正在形成的新一代国际投资体制带来的影响。而对发展中地区投资较多的企业,除了关注一般意义上的法规框架,也要重视自身身份的转变,即作为投资者可能对发展中经济体产生的负面影响。

(一) 中国投资的地域分布与法规环境

世界绝大多数跨国投资仍然由发达国家完成,在

第二部分提到的诸多投资环境评估报告也主要服务于此。《世界投资报告2015：重构国际投资机制》指出，发展中经济体的对外投资流出量达到4680亿美元，增速达到23%，但绝大多数投资仍局限于本国附近，因为"较为熟悉的环境是跨国公司早期国际化进程的驱动因素之一，而区域市场和价值链则是更为关键的驱动因素"。① 发达国家对外投资流出量为8230亿美元，比前两年略有下降，但绝对量几乎仍是发展中国家的两倍，而且分布在全球。就地理分布的广泛性而言，发达国家的跨国公司更需要注意国别的差异，而法规环境显然是构成国别差异的重要内容。

中国在全球投资格局中有自己的特点，且正处于飞速发展中。截至2014年末，中国对外直接投资存量分布在全球186个国家（地区），占全球国家（地区）总数的79.8%，2014年新增的国家是位于中美洲的危地马拉和萨尔瓦多。但其从投资数量构成来看，流入亚洲的外资仍占据绝对主导地位，且外资流入国家也相对集中。2014年，对外直接投资流向中

---

① 联合国贸易和发展组织编：《世界投资报告2015：重构国际投资机制》，南开大学出版社2015年版，第10页。

国香港、开曼群岛、英属维尔京群岛、卢森堡的投资共计842.1亿美元，同比增长10%，占当年流量的68.4%。[①] 因此，与发达国家的跨国公司相比，国别差异给中国对外投资造成的困扰总体上要小于发达国家的企业。

联合国贸发会开发了跨国化指标（Transnationality Index）以衡量海外扩张的程度，该指标由三部分构成：外国资产占比、外国销售额占比以及外国就业占比。如表4-1所示，2014年，前100强跨国公司的跨国化程度仍在扩大，而近年来发展中与转型经济体的跨国化程度却有所下降。以跨国化指标衡量，中国企业作为发展中国家的一员显著落后于发达国家。跨国化程度高，说明企业在多个国家存在分支机构，就需要处理更多不同国家的法律体系差异问题。反之，如果跨国化程度不高，相对集中于某个国家，甚至区域，那么对跨国的法律问题就不会那么重视。

---

① 数据来自《2014年度中国对外直接投资统计公报》。

表 4-1　全球以及来自发展中与转型经济体的前 100 强

非金融跨国公司的跨国化　　　　　　　　　　　　　（%）

	全球前 100 强跨国公司			发展中与转型经济体前 100 强跨国公司	
	2012 年	2013 年	2014 年	2012 年	2013 年
资产	59	59	60	27	27
销售额	66	65	66	44	43
就业	58	57	57	39	39

注：1. 数据为基年 4 月 1 日到转年的 3 月 31 日财年数据。2014 年发展中和转型经济体前 100 强跨国公司的数据尚不完整。

2. 全球 100 强的 2013 年数据为已修正数据，2014 年为初始结果。

资料来源：联合国贸易和发展组织编：《世界投资报告 2015：重构国际投资机制》，第 21 页。

与通常强调改革法律和制度以吸引外资不同，发展中与转型经济体面临着更为紧迫和复杂的其他挑战，往往需要更为重视经济因素。卡内基国际和平组织的一份报告显示，尽管国际发展共同体普遍认为，外资有助于经济增长和繁荣，发展中国家需要建立一个稳定的、有利于投资的法律和司法体系，但发展中国家绝不能本末倒置，被这样一套新制度主义的话语体系所迷惑，忽视外国投资者最为看重的商业机会本身。[①]

---

① John Hewko, "Foreign Direct Investment: Does the Rule of Law Matter?" Carnegie Endowment for International Peace, working paper, No. 26, April 2002.

对投资者而言，最重要的是实际获得的商业机会，而不是法律体系是否完备。20世纪90年代早期，很多投资者进入转型国家，他们也知道法律不完善，但更为看重这些国家的市场、受过良好教育的劳动力以及自然资源等。多年来，OECD的外资管制限制指数将中国列为最严厉的国家，但并不妨碍中国成为全球吸收外资最多的国家之一。因此，一个国家只要提供足够的商业机会，同时保证不发生大规模的不利于投资者的事件，比如战争、显著的社会动乱、严重的经济危机或者强行推动不利于投资者的立法，投资者并不会过多地考虑法律体系是否完善。这或许也是本书第二部分中，诸多评估投资环境的国际性机构并未单独列出法规环境的原因之一。

新制度主义话语体系很强大，其逻辑是必须改变法律体系才能获得外资。建立在这种理论基础上，透明度高、现代性强的"西方"法律体系是获取外资的前提。这种逻辑来自于新制度主义理论，有效率的和透明的法律体系减少交易成本，包括外商投资者也不能脱离这一背景。立足于这一逻辑，政府、多边组织、发展机构以及非政府组织都期望监督、鼓励和资助发展中与转型国家的法律和司法改革。这一话语体系也是本书第一部分所阐述的理论基础之一。

但是，我们也不能夸大法规在引资过程中的作用，最根本的要看中国投资本身流向的是哪些国家。在第一部分中给出的调查和经验研究已经证实，法规环境影响投资决策的权重大概在15%以下，对某些新兴市场的投资者而言，权重可能更低。而发展中国家本身更为不重视法规环境建设。2014年，中国大约有79.3%的外资流入了发展中经济体。因此，对于这部分外资而言，法规环境的比重可能还要低于15%。

如图4-1所示，总体上中国对外投资流向对东道国的法律权利并不敏感，两者的相关系数只有0.04。该图横轴利用的是世界银行公布的各国法律权利力度指数，该指数衡量的是担保品法和破产法通过保护借款人和贷款人权利而促进贷款活动的程度。指数范围由0至12，数值越高表明担保品法和破产法越有利于获得信贷。不过，该图也显示出中国对外投资的另一个特点，即在每个法律权利力度指数较高等级上吸收外资最多的代表性国家，多数都是西方发达国家（新加坡例外）。但在2—4等级，吸收中国投资最多的分别是伊朗、泰国和印度尼西亚。总体来看，吸收外资多的国家，多数也属于人均收入高的国家。

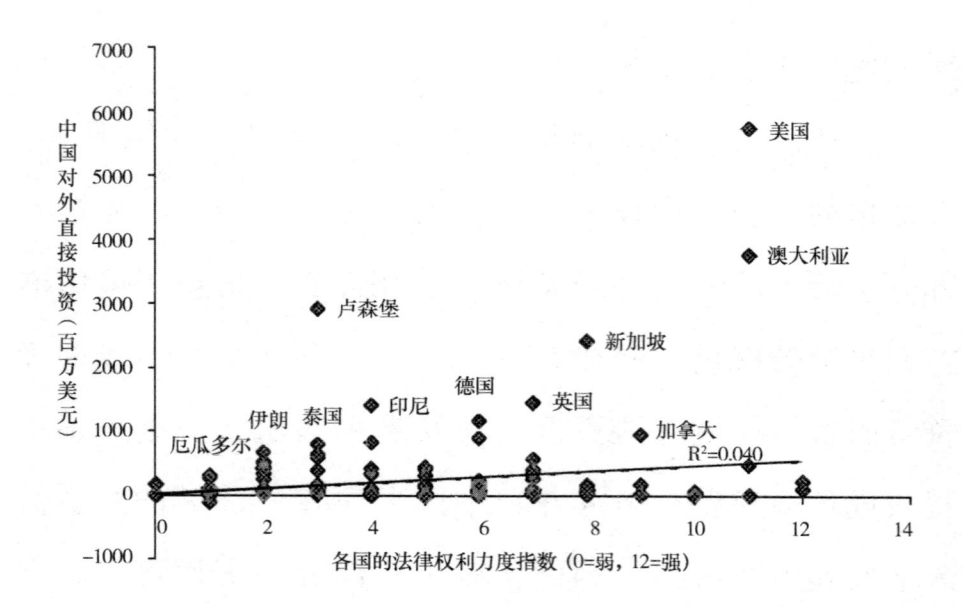

图 4-1 中国对外投资与东道国的法律权利关系

资料来源：《2014 年度中国对外直接投资统计公报》。

注：外资数据为 2013 年和 2014 年的平均值，法律权利力度指数为 2014 年数据。

与此同时，我们也注意到，美国已经成为中国对外投资的第二大目的地，此前第二大目的地一度是澳大利亚，但两者都是发达经济体。因此，对投资于这些国家的中国企业而言，需要更加重视法规环境的变化，其权重有很大可能性会超过 15%。而且，就目前中国对外投资流向的增速而言，发达国家的权重上升明显。如图 4-2 所示，2008 年金融危机之后，中国企业对发达国家的投资增速明显，欧盟和北美合计占比，从 2008 年的 0.7% 上升至 2014 年的 15.4%，如果算上对澳大利亚的投资,2014年的总占比是18.7%。其中,对北美(美国、加拿大、百慕大群岛)的投资从2007年的1亿美元增加至2014年的92亿美元。尤其是对美国的直接投资,从2006年的2亿美元增加至2014年的76亿美元。对欧盟的投资,则从2007年的10亿美元增加至2014年的98亿美元。发达国家内部,2012年以来则从澳大利亚转向了美国。

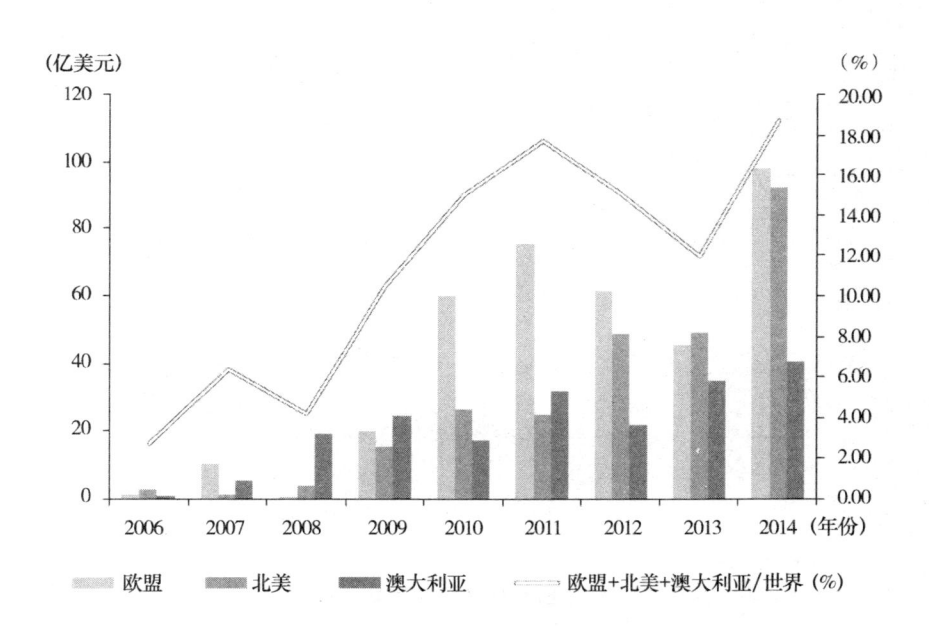

图4-2 中国对西方发达国家直接投资飞速增加

资料来源:《2014年度中国对外直接投资统计公报》。

换个角度而言,随着中国对发达地区投资的增多,中国企业也将更为重视法规环境的变革。利用世界正义工程（The World Justice Project）① 开发的法治指数来观察中国对外投资，也能发现中国企业对法规环境的敏感度。如图 4-3 所示，中国对外投资并没有随着东道国法治指数高而大幅度增加，两者的相关性并不是那么强烈，但发达国家的优势地位是不言而喻的。

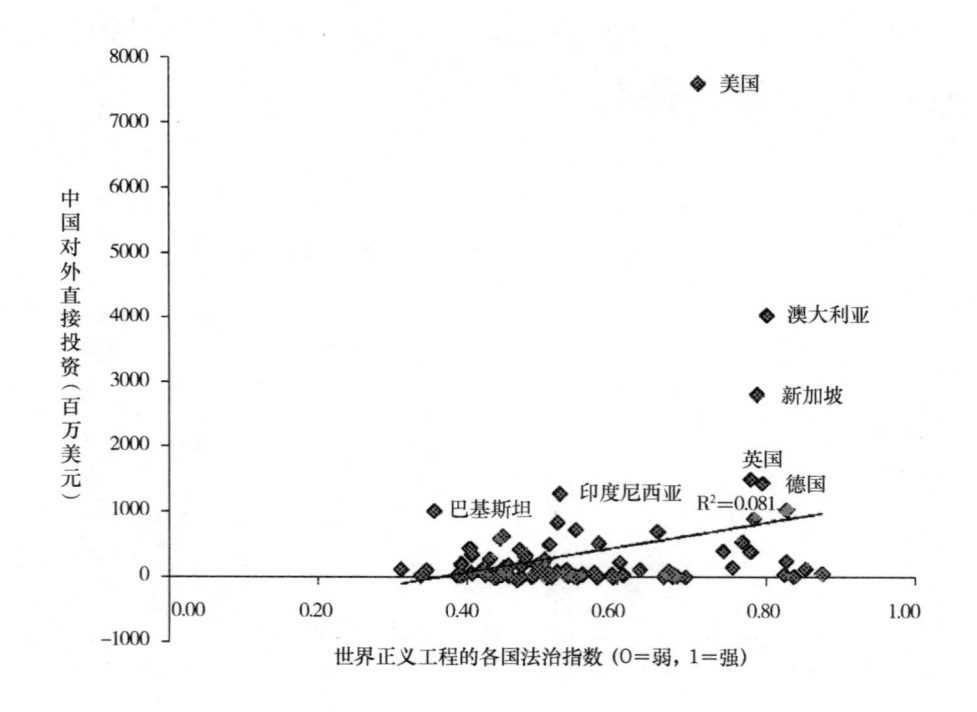

图 4-3 中国对外直接投资与各国的法治

资料来源：《2014 年度中国对外直接投资统计公报》；the World Justice Project, Rule of Law Index。

---

① 有关这一工程和法治指数的介绍可参考鲁楠《世界法治指数的缘起与流变》，《环球法律评论》2014 年第 4 期。

（二）国际投资体制和投资政策总体上走向自由化

从世界范围来看，追踪、评估和推动全球投资政策的主要有两个国际性机构。第一个，联合国贸发会（UNCTAD），这个机构的宗旨是如何更好地利用外资服务于发展中国家的发展；另一个则是经合组织（OECD），该机构的主旨则是如何打开国家的大门，保障外资的进出更加稳定，提升外资的盈利水平，在很长时期内显然主要服务于发达国家的跨国公司。不过，近年来这两个机构在评估投资政策上却有很多共性，基本倾向于推动投资体制的自由化。

20世纪后半期，国际经济领域的一个突出特征是国际投资协定（IIAs）的增多。根据联合国贸发会统计的数据，截至2014年末，各类国际投资协定增加至3271个，其中双边投资协定（BIT）2926个，其他类型的投资协定345个。从图4-4中可以直观看到，自20世纪90年代末期以来，国际投资协定的增速已经放缓。

大体而言，1959—1989年达成的BIT数量为400个左右，而1990—1999年达成的BIT数量大约为2000个，2001年以后数量仍然增加，但增速明显放缓。第一阶段

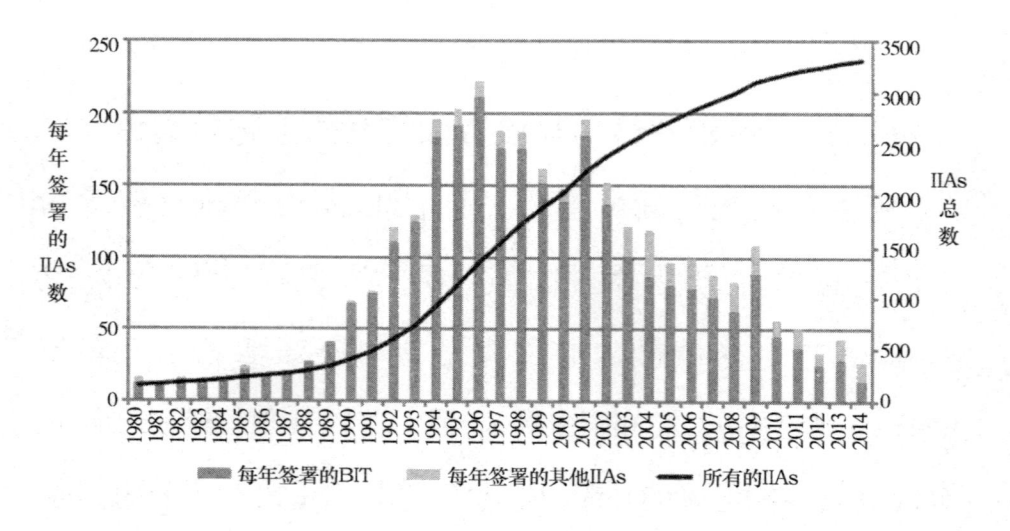

图 4-4　20 世纪 80 年代以来的国际投资协定发展趋势

资料来源：United Nations Conference on Trade and Development, "Recent Trends in IIAS and ISDS", IIA Issue Note, No. 1, February 2015, p. 2.

的特征是 BIT 签署的双方是作为资本输出国的发达国家和作为资本进口国的发展中国家，发展中国家通过签署 BIT 这样一种制度性承诺，让投资者对东道国的投资环境放心。通常这个时期的 BIT 重点关注投资的准入、投资进入之后的国民待遇以及争端解决机制。

第二阶段，大量发展中国家之间签署 BIT。1970—1975 年南南国家签署的 BIT 占总量的 10%，而到了 1996—2000 年则上升至 55%。南南国家签署 BIT 的一方往往并不是资本输出国，签署协定并不是为了从另一方吸收外资，而是出于进一步推进市场化改革的需求才签署。在全球经济领域，BIT 已经成为贸易投资自由化内容的机制，成了全球经济规范和标准的一部分。发展中国家通过签署 BIT，向国际社会做出承诺进一步开放市场。

第三阶段，新世纪以来 BIT 的增速放缓。其原因是部分发展中国家被跨国公司拉入国际仲裁进程，投资争端解决机制开始加速运行，对多数发展中国家而言，难以付出高额成本应对跨国公司的诉讼挑战。BIT 作为发展中国家整体外资政策框架的一部分，其增速放缓也与发展中国家政策自由化进程趋缓一致。

与此相符合的是，与 20 世纪 90 年代相比，投资政策自由化的速度放缓。联合国贸发会每年发布各国在管制外资政策方面的动态变化信息，尽管大多数国家仍然采取自由化政策，但其变化趋势自 2004 年以后逐渐放缓，2008 年全球金融危机后更是出现了投资保护主义潮流。按照联合国贸发会的统计，2004 年全球一共出台了 164 项外商投资政策措施，其中 142 项涉及投资的自由化、促进与便利化。2008 年则到了历史低点，这一年出台的 68 项政策措施中，只有 51 项属于自由化和促进类别。2010 年以前，从绝对数量看，各国总的外商投资政策促进措施数量自 2004 年以来一直在减少。从相对水平看，2014年的投资自由化与促进措施占比为74.6%，已经是2007年以来最高水平（如图4-5）。从这个意义上说，全球投资政策自由化正处于重启通道中。

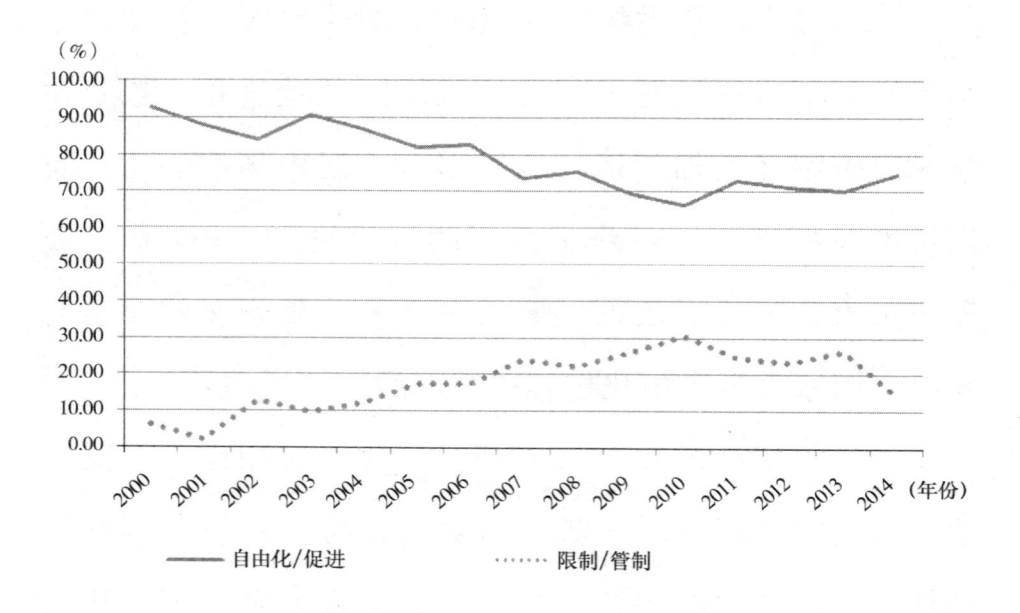

图4-5 2000—2014年国家投资政策变动

资料来源：UNCTAD.

与BIT变动趋势对应的，则是"超大型区域协定"（mega-regional agreements）。比如FDI流入量最多的泛太平洋经济伙伴关系（TPP）、GDP份额最大的美欧跨大西洋贸易和投资伙伴关系（TTIP）以及涉及人口最多的地区经济伙伴关系（RCEP）。这些协定涉及投资的规则制定，特别是一些新的领域，比如国有企业、主权财富基金以及如何合作管制等议题，一旦达成将对全球投资规则和流向产生重大影响。

中国企业"走出去"对应的国际投资体制变革阶段，正好处在全球新签 BIT 收缩的第三个阶段和超地区投资贸易协定的形成阶段。目前，发展中国家正在重新评估 BIT 的收益和成本，大规模修改旧的 BIT 模式，其主要原因之一是社会抗争与投资争端增多。按照经合组织（OECD）的一份报告，绝大多数国家在条约签署前，很少分析或者关注法律含义以及经济成本，尤其是发展中国家的很多利益相关者并不注意条约中的法律含义。目前有 173 个国家签署了 BIT，其中 91 个国家发生过投资争端案子。在这些国家中，中低收入国家占了 54%。从卷入数量看，在 OECD 收集的 401 例案子中，中低收入国家多达 335 例，其中阿根廷一国就有 39 例。[①] 仲裁案的增多使得东道国更加关注条约的法律含义，以及围绕条约的解释和履行过程中产生的政治社会影响。一部分发展中国家感觉到，私人投资对东道国公共利益的投入

---

① Kathryn Gordon and Joachim Pohl, "Investment Treaties over Time: Treaty Practice and Interpretation in a Changing World", OECD Working Papers on International Investment 2015/02, OECD Publishing.

是不足的。

仲裁案的金额可能让发展中国家难以与跨国公司抗衡。据联合国贸发会在《世界投资报告2015：重构国际投资机制》中提供的数据，截至2014年末，已有608起投资争端案件，99个国家曾作为被诉方，70%的已知案件针对发展中国家及转型经济体，80%的已知请求由来自发达国家的投资者提起。平均每一起案件的索赔金额高达11亿美元，前三项最容易引起仲裁的国家行为包括违反或解除投资合同（29%）、法律变动（25%）和直接征收或没收投资（15%）。[①]

在全球双边投资协定签署下降的第三阶段，也恰好是中国推进双边投资协定的关键阶段。中国签署BIT的高潮出现在20世纪90年代前期，这一阶段中国与更多的发展中国家和原社会主义国家签署BIT。但20世纪90年代后期签署的协定总数有所减少，而在加入WTO后还涌现过一个高潮。目前，中国正与美国、欧洲磋商双边投资协定。2015年9月，习近平主席访美后，中美双方认为，中美投资协定谈判是两国之间最重要的经济事项，

[①] 联合国贸易和发展组织编：《世界投资报告2015：重构国际投资机制》，南开大学出版社2015年版，第166—167页。

高水平的投资协定将反映双方对于非歧视、公平、透明度的共同承诺,有效促进和确保市场准入和运营,并体现双方开放和自由的投资体制。① 根据2015年12月中国—欧盟投资协定第八轮谈判的新闻公告,中欧投资协定谈判是当前我国开展的最为重要的经贸谈判之一,有助于深化中欧全面战略伙伴关系、提升双边经贸合作水平、释放双向投资潜力。谈判于2013年11月启动,目标是在我国与欧盟成员国已签署的投资保护协定基础上,尽早达成一个更高水平、涵盖投资保护和市场准入的协定。②

联合国贸发会的《2012世界投资报告:迈向新一代投资政策框架》认为,如今东道国政府不仅关注吸引的外资的数量,而且更加关注外资的质量。投资者不仅需要关注经济方面对东道国的贡献,而且需要注意社会和环境影响,这样一类新内涵的外资被誉为"可持续发展

---

① 《中美两国元首就推进中美投资协定谈判达成重要共识》,商务部新闻办公室,2015年9月26日,http://www.mofcom.gov.cn/article/ae/ai/201509/20150901123222.shtml。
② 《中欧投资协定第八轮谈判取得重大进展》,商务部新闻办公室,2015年12月4日,http://www.mofcom.gov.cn/article/ae/ai/201512/20151201201346.shtml。

的外资"。[①] 多数发展中国家认为，基于可持续发展目标进程设定投资管制政策应该成为基调，要对现有的国际投资体制进行全面改革。然而，发达国家基本上倾向于微调。2014年10月，联合国贸发会主持召开"改革国际投资协定体制"会议，大部分发展中国家呼吁重新设计投资相关的国际承诺，包括创建可持续发展导向的国际多边投资框架，全面改革投资争端解决机制（ISDS），协调不同层次的投资政策和与投资相关的公共政策。总体来看，未来新一代的国际投资体制势必要平衡投资者和东道国的关系，赋予东道国更多的管制能力，与此同时也要求新体制考虑可持续发展问题，平衡公共利益和跨国公司收益。

造成这一重大转变的原因其实也不难理解，因为原来纯粹作为东道国的一批发展中国家开始对外投资，这些国家需要平衡两种角色。比如，中国既吸收了大量外资，也有大量对外直接投资。目前，中国对外投资开始超过实际利用外商直接投资金额。显然，对中国政府而言，既希望所吸引的外资质量能够更高，同时也设法保

---

① 联合国贸易和发展组织：《世界投资报告2012：迈向新一代投资政策框架》，经济管理出版社2012年版。

证输出的外资获得安全和可靠的回报。

(三) 中国企业看待海外法规环境的若干要点

按照前文提及的约翰·邓宁的"生产折中论"框架，中国企业进行海外投资时需要综合考虑东道国的区位优势、企业自身优势以及中国赋予企业的优势。一个成功的海外投资项目往往需要充分利用这三项优势，缺一不可。企业看待东道国因素时，必须将它置于这样一个综合性的分析框架中，才能发现别人不能发现的投资机会，遇到风波时也能主动管控风险，而该框架同时也告诉企业家投资决策时的基本程序和侧重点。

来自不同国家的投资者，在评估同一个投资对象国时，由于来源国不同完全可能得出相左的结论。例如，由于美国与伊朗、巴基斯坦等国关系不好，而中国与这两个国家的关系相对不错，中国企业往往不用担心两国限制美国的一些法规措施会影响到中国企业投资，事实上中国企业在这两个国家有大规模投资，而美国企业则要小心得多。随着2016年1月中旬美欧解除对伊朗的制裁，德国企业捷足先登，油气公司意气风发地投资伊朗的油气化工产业。而中国企业在美国的投资也因为中国因素，往往遭遇到政治和安全方面的磨难。从这个意义上说，不存在单独的东道国因素，作为东道国投资环境组成部分的法规环境也具有这种特性，中国企业在审视东道国的法规环境时，有必要牢记中国作为资本输出国有可能间接影响到东道国的情境。

一个简单可行的方法是，利用同一个机构的评估，将中国与多个东道国做比较。一方面，如果中国企业感兴趣的东道国，其法规环境优于中国，那么中国企业则需谨慎；另一个方面，鉴于很多机构对中国法规评估较差，多数对中国而言重要的投资目的地在评估中可能分值比中国还好看，那么可以选择几个东道国一同比较。比如，OECD 的外资管制限制指数显示，中国与 OECD 国家的差距主要是在股权限制方面。在 OECD 评估的所有 58 个国家中，中国属于限制股权最严厉的国家之一，仅次于印度尼西亚，略低于中国的有印度和沙特。而美国、澳大利亚这两个吸收中国资本排名前列的国家，前者在该项指标上的得分是 OECD 平均值的 169%，后者得分只有该平均值的 53.8%。就此而言，也印证了前文提到的经济学人智库关于中国企业在美国并购时最难的一个判断。在 OECD 国家中，仅有韩国、奥地利、加拿大、挪威和墨西哥比美国限制股权严厉,而韩国得分仅有中国的53.3%。

另外,也可以将世界银行《营商环境报告》的排名作为判断中国与东道国差距的一个参考。该报告并非针对外国投资者,而是调查和评估东道国自己的中小企业在国内面临的经营环境。因此,可以将此看作是对东道国商业环境的一项总体判断。中国在2014年和2015年度全球营商环境中的排名分别为第83和第84名,美国两年都为第7名,澳大利亚分别列第12和第13位。世界银行的相关研究也表明,外资流量与该指标也是高度相关的,即排名靠前的国家吸收更多的外资。如图4-6所示,总体上,中国投资也更多流入营商便利指数排名靠前的国家。而且,这一指数要比各国法律权利力度指数更彰显与中国投资流入的相关性。

不过,需要注意的是,营商便利指数高并不等于法规环境完全是自由的。一方面,发达国家对金融危机的冲击反应过大,投资保护主义仍处在高阶段,以国家利益、国家安全名义出台临时措施,推翻中国企业已有并购计划的案例并不少见;另一方面,中国在这些国家的投资往往触碰到当地的政治生态环境,而在发达国家,

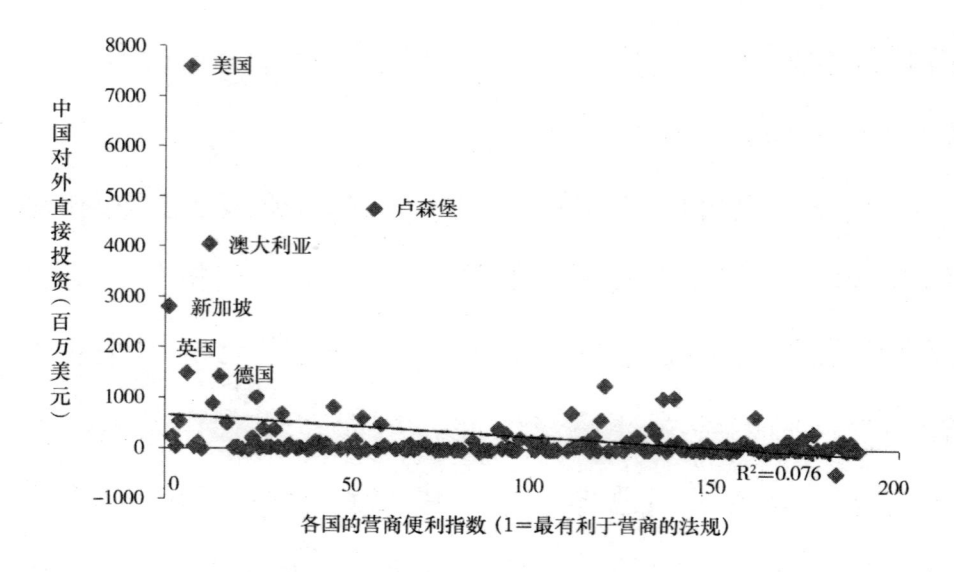

图4-6 中国对外投资与各国营商便利排名

资料来源：世界银行。

利益集团往往通过调整法律法规实现其意图，外资也成为热门话题。比如，澳大利亚最近几年吸收外资下降，其原因主要是管制框架变得严厉。有研究报告甚至认为，澳大利亚外资管制机制给予财政部过多权力，由于外资流入对政治和政策很敏感，财政部的歧视性审查只会有利于政客而不是投资者，今后澳大利亚财政部的权力可以转移给独立的评估机构。① 这一批评表明，那些在股权

---

① Stephen Kirchner, "Regulating Foreign Direct Investment in Australia: A Discussion Paper", Finsia (Financial Services Institute of Australasia), February 2014.

或者投资限制宽松的国家，法规变化的重要原因仍然是政商关系，特别是政府的定位。

中国对外投资相对来说集中在若干国家，也便利中国企业相对集中地研判和应对东道国的法规环境变化。截至2014年末，前20个国家和地区集中了大约72%的中国境外企业。排名前20的国家和地区分别为：中国香港、美国、俄罗斯、澳大利亚、新加坡、日本、德国、越南、老挝、英属维尔京、韩国、印度尼西亚、加拿大、阿联酋、柬埔寨、泰国、蒙古、英国、马来西亚、尼日利亚，累计超过2.1万家。[①] 在这前20个国家和地区，除德国和英属维尔京外，都在亚太地区，东南亚就有6个。按照联合国贸发会的意见，地域集中在本国附近说明中国企业对外投资还处于早期阶段，既因为中国企业对这些地区的环境较为熟悉，也源于中国企业重视区域市场和生产价值链。

同样，按照邓宁的框架，企业自身也是一个重要的影响因素。即便是来自同一个国家的企业，由于规模和具有的企业特定优势不同，也会做出不同的评估。一般

---

① 《2014年度中国对外直接投资统计公报》，第40页。

认为，大型跨国公司具有很强的和东道国政府谈判的能力，而小型投资企业则具有灵活性，船小好掉头，两者都能对东道国法规环境变化做出及时的反应。地位最尴尬的往往是中等企业，既没有大企业的规模优势，出了问题没有办法找东道国政府解决，也缺乏小企业的灵活性，对突发情况的处理往往不及时。因此，相对而言，一个行业内中等规模的企业最需要紧跟法规环境的变化。

中国目前对外投资的企业，规模并不大，85%的都是地方性企业，基本来自沿海省市。其中，北京市的对外投资平均规模最大，广东则属于拥有境外企业最多的省份，紧随其后的是浙江和江苏。因此，有可能这些省份对东道国法规环境的判断有更多的参考价值。

后　　记

　　本课题缘起于中国社会科学院学部委员张蕴岭研究员的建议和指导。初稿完成后，张老师在百忙之中通读了稿件，并给出了重要的修改意见。张老师目光如炬，早在20世纪80年代就深入研究世界经济的相互依赖以及跨国公司问题，这种长期的深入关注使得本课题的选题具有前瞻性。熟悉跨国公司历史的人可能清楚，美国政府差不多是从20世纪70年代中后期开始辩论跨国公司的发展是否有利于美国的国家利益，而像《哈佛商业评论》等从60年代末也开始发表有关国家风险和投资环境的专论，美国跨国公司很快革新其部门设置，创造性地推出国家风险分析职位。东亚的日本在成为自由资本主义体系的第二大经济体后，异常快速地跟进美国的步伐，并成长为世界投资者俱乐部中的重要一员。对大国而言，对外投资不可避免带有战略性含义。

　　中国经济迈入新常态后的一个重要特征，是中国从外资吸收大国快速转变为对外投资大国。目前，中国已经是全球第二大对外投资国（不包括香港地区），累计对外投资额也超过了1万亿美元，有关研究预计将很快突破2万亿美元。无论从中国的角度，还是从世界来看，社会主义中国成长为国际政治经济中的重量级跨国投资者引人注目，理解中国资本的特性及其面临的挑战自然成为国际问题研究的重要课题。长远来看，中国资本进入世界，将为世界发展注入新的动力，重塑国家间关系和世界政治格局。与此同时，确保中国海外资本有利于中国的复兴也是应有之意。为此，中国企业和政府非常关注中国企业海外投资的安全性和盈利能力，不断完善制度建设提高中国企业的竞争能力。随着中国资本大规模走出国门，通过法律手段维护资本安全也很迫切。这个小册子的主要目标是帮助中国跨国企业了解和认识在东道国投资的法规环境。鉴于这类研究仍处于起步阶段，本报告的相关看法仍然可能是非常初步的，欢迎各方提出意见。

中国社会科学院亚太与全球战略研究院党委书记、副院长王灵桂研究员曾给笔者提供中国出口信用保险公司编写的《国家风险分析报告》以供参考，亚太与全球战略研究院列入首批25家国家高端智库建设试点单位，其主要关注点是"一带一路"和国际战略研究。在撰写本报告期间，笔者曾多次与朴珠华、凡帅帅、常淑凤进行讨论，凡帅帅与常淑凤还帮助收集整理了部分资料，特此表示感谢。报告形成之后，得到了中国会展学会副会长、原商务部研究院副院长陈文敬，北京大学国际关系学院查道炯教授，对外经济贸易大学国际经济研究院副院长庄芮教授和大公国际资信评估有限公司研究院技术总监杜明艳的批评指正，他们提出的一些意见有的被吸收到报告中，笔者感谢这些专业意见，也被他们对中国企业走出去的期待所鼓舞。另外，红鲸资本合作人谢征、外交学院国际关系研究所副所长曲博教授也提出了一些修改意见，对此表示感谢。

最后，感谢中国社会科学出版社的专业眼光和推动中国智库研究走出去的努力。中国社会科学出版社重大项目出版中心主任王茵，主任助理、中心副主任喻苗，中国社会科学出版社国际问题出版中心陈雅慧女士为本报告的出版倾注了心力，使得本报告得以在短期内出版。

钟飞腾

2016年7月8日

钟飞腾,中国社会科学院亚太与全球战略研究院副研究员、大国关系研究室主任。北京大学法学博士,早稻田大学哲学博士,研究领域为国际政治经济学、对外直接投资与中国对外关系。出版《管控投资自由化:美国应对日本直接投资的挑战》《"一带一路"建设中的产业转移》等专著,以及《美国霸权与跨国公司》《国际政治经济学:学科思想史》《红星照耀太平洋:中国崛起与美国海上战略》等译著,在《世界经济与政治》等核心期刊发表论文20多篇。